André Youhafic ADJIBADE

L'ÊTRE, L'IDOLE QUI NOIE DIEU

André Youhafic ADJIBADE

L'ÊTRE, L'IDOLE QUI NOIE DIEU

Dieu n'a que faire de l'être

Éditions Croix du Salut

Cover image: www.ingimage.com

Publisher:
Éditions Croix du Salut
is a trademark of
Dodo Books Indian Ocean Ltd. and OmniScriptum S.R.L publishing group

120 High Road, East Finchley, London, N2 9ED, United Kingdom
Str. Armeneasca 28/1, office 1, Chisinau MD-2012, Republic of Moldova, Europe
Printed at: see last page
ISBN: 978-620-6-16856-0

INTRODUCTION GENERALE

Choisir librement d'explorer la sempiternelle thématique de Dieu malgré le pullulement de doctrines qui en débattent déjà, témoigne justement de notre souci de mieux Le connaître pour mieux en parler. Des siècles durant, bon nombre de philosophes ont pris la peine de démontrer ou de prouver l'existence ou non de Dieu, chacun selon sa manière et ses aspirations. Mais la question qui s'impose à nous est de savoir si Dieu peut être connu, vu que « *nos mots humains échouent* toujours *à dire son immensité, sa profondeur et son mystère* »[1]. Autrement dit, est-ce que de nous les humains, l'essence divine est-elle saisissable ? Ce fut d'ailleurs de toute évidence, la préoccupation ultime de l'homme depuis toujours.

En effet, à l'ère des grandes mutations paradigmatiques, notamment au moment où philosophie et théologie cherchent à restructurer leur lien, Jean-Luc Marion apparaît comme une figure de proue pour l'actualité de la question philosophique de Dieu. Pour Marion avec qui nous avons choisi de traiter cette question, il ne s'agit pas de prouver ou de nier l'existence de Dieu, encore moins de chercher à savoir si ce Dieu, malgré tous les attributs qu'on lui reconnaît, mieux, toutes ses déterminations, est incapable de résoudre tous les problèmes de l'homme et mettre fin à tous les maux dont il est accablé. Il entend plutôt maintenir dans l'actualité spéculative de la philosophie, la possibilité de l'impossibilité de Dieu. Face à la rage du rationalisme qui réduit au silence Dieu et son questionnement, le phénoménologue, spécialiste de Descartes voit qu'il est impossible de dire que Dieu est impossible. Qui est donc Jean-Luc Marion ?

Phénoménologue venant de la tradition cartésienne, Marion est un philosophe contemporain français. Toute sa vie et ses écrits « *donnent la mesure d'un*

---

[1] Card R. SARAH - N. DIAT, *La force du silence contre la dictature du bruit*, Pluriel, Rome, 2017, N° 244, p.196.

renouvellement de la question de Dieu hors contexte métaphysique »[2] et sa pensée philosophique s'inscrit dans la trilogie : Phénoménologie-Métaphysique-Théologie. Alors enseignant à la Sorbonne ainsi qu'à l'Université de Chicago dans le sillage de Emmanuel LEVINAS et de Paul Ricœur, il fut titulaire de la « Chaire de métaphysique Etienne Gilson » à l'Institut catholique de Paris. Il a été élu à l'Académie française en 2010, au 4e fauteuil, celui qu'occupait précédemment le cardinal Lustiger. De ses nombreux ouvrages, celui qui retient notre attention et qui répond mieux à notre problématique, celle du questionnement philosophico-théologique de Dieu est bien *Dieu sans l'être* rédigé en plein litige métaphysique et théologie, au moment où la Sorbonne s'éveillait au sécularisme et à la laïcité. Pour le penseur chrétien catholique, c'est à l'heure de son impossibilité que la question de Dieu apparaît mieux discutable, donc pensable.

Ainsi, dans *Dieu sans l'être* « si incisive et si rude à déchiffrer »[3], l'académicien tente de repenser derechef la question de Dieu, tout en optant pour une démarche *a-métaphysique*[4]. Il acquiesce la phénoménologie husserlienne comme possibilité de renouvellement de la question. Purifier alors la philosophie des présuppositions de la métaphysique[5] et « p*enser Dieu, hors la différence ontologique, hors la question de l'Être, aussi bien, au risque de l'impensable* »[6], « telle est depuis lors, la mission que poursuit Jean-Luc Marion avec une tension intérieure qui caractérise sa pensée, cette tension faite d'ardeur et de rigueur conceptuelle, comme si son souci primordial était surtout de creuser des sillons, de déblayer des

---

[2] R. TECHOU, « *Phénoménologie et Théologie* » *La méthode Jean-Luc Marion*, Croix du Salut, Saarbrücken, 2017, p.15.

[3] Cf. Mgr Claude DAGENS in *Discours d'accueil de Jean-Luc MARION à l'Académie française.*

[4] Il s'agit d'un néologisme de Marion et qui est une méthode phénoménologique qui ne soit plus dans le dynamisme idolâtrique de la science de l'être en tant qu'être, mais qui traite désormais de la thématique de Dieu hors du concept de l'être.

[5] Cf. Philippe LESTANG dans son article « *Quelques pas dans la phénoménologie de Jean-Luc Marion en liaison avec sa conférence à Gif/Yvette le 7 Janvier 2015* », mis en ligne le 30.01.2015.

[6] J.-L. MARION, « *Dieu sans l'être* », Paris, Communo / Fayard, 1982, p.73.

terrains nouveaux, de faire apparaître ce qui est encore caché et qui demande à être reconnu et révélé[7] ».

A la question donc de savoir, quel nom, quel concept ou quel signe servirait encore à dire le Tout Autre sans verser dans *l'idolâtrie conceptuelle* et ce, loin du Dieu moral de Kant dont la fin est la « mort du Dieu métaphysique » de Nietzsche, Marion affirme sans doute qu'un seul concept est encore explorable, celui de l'*amour* que nous propose l'Apôtre Saint Jean ("*Dieu ‹est› agapè*[8]) et qui « reste encore, paradoxalement, assez impensé, lequel pourtant peut encore libérer la pensée de Dieu de l'idolâtrie.[9]» Pour Marion, l'approche philosophique de l'amour est un terrain vierge autour duquel théologie et philosophie peuvent encore se retrouver, loin de la notion traditionnelle de l'être. Cette vaste entreprise encore inentamée, nécessite de travailler conceptuellement l'amour, « *au point que s'en déploie la pleine puissance spéculative* »[10] escomptée. Pour le compte de la démarche phénoménologique qui nous servira d'itinéraire méthodologique au renouveau de la question de Dieu, Marion pose son principe : la *Donation*. C'est donc avec sa propre donation au travers de la Révélation que Jean-Luc Marion propose une pensée de Dieu, capable de rendre compte de la logique d'Amour qui sous-tend le don de soi du divin au travers de son Incarnation, de sa Résurrection et donc de l'Eucharistique. L'analytique phénoménologique de ces réalités chrétiennes est ce qui offre plus de visibilité à l'invisibilité de la foi catholique et revigore le blason de tout le christianisme.

L'essentiel donc de la nouveauté phénoménologique de Marion est de montrer que toute représentation conceptuelle au sujet de la question de Dieu ne peut que nous conduire à l'idolâtrie, soit par une compréhension négative de la fameuse allégation de la « *mort de Dieu* » de Nietzsche ou carrément par la représentation

---

[7] Cf. Mgr Claude DAGENS in *Discours d'accueil de Jean-Luc MARION à l'Académie française.*
[8] 1 Jean, 4, 8.
[9] J.-L. MARION, « *Dieu sans l'être* », Paris, Communo / Fayard, 1982, p.73.
[10] *Idem*,

conceptuelle de l'idée positive de Dieu proposée depuis toujours par la science de l'être en tant qu'être (métaphysique) qui tient Dieu pour un « *étant suprême*[11]» ou de la « *causa sui* » cartésienne. On se retrouve ici en pleine théologie négative où Marion, en repartant de Denys l'aréopagite, repose la question de l'être de Dieu à partir de la distance ontologique. L'approche phénoménologique de la question de Dieu que fait déployer Marion dans cet ouvrage répond valablement à nos aspirations, celle par exemple de penser à nouveaux frais la question de Dieu, de la nécessité de comprendre aujourd'hui le christianisme à partir de lui-même et enfin de la saisie du sens de la Révélation chrétienne. Ainsi, même si l'approche phénoménologique de la *donation* de Marion n'a pas la prétention de battre en brèche la métaphysique, elle opère quand même une rupture ontologique avec elle, car cette dernière, selon notre auteur, n'est plus aujourd'hui capable de traiter à bon dessein la question de Dieu, parce que désormais «*frappé d'insignifiance.*[12]»

C'est là les précisions que nous ferons dans notre premier chapitre qui essayera de déblayer un tant soit peu le terrain aux deux derniers chapitres, lesquels nous plongeront dans le vif de la reprise herméneutique de la question de Dieu vue par Marion. Notre objectif donc, loin de songer à une substitution de l'approche métaphysique à celle phénoménologique, vise au contraire à montrer aujourd'hui la nécessité de redire de plus belle à l'homme contemporain que la thématique de la question de Dieu est encore possible. S'il est alors impossible de dire que Dieu est impossible, quels atouts avons-nous encore pour le redire ? N'est-il pas meilleur de repartir de Dieu lui-même pour mieux Le comprendre plutôt que de toujours préconiser des herméneutiques venues d'ailleurs, telle la question de l'être propre à la métaphysique ?

---

[11] Quatrième de couverture de l'édition de 1982.
[12] J.-L. MARION, « *Dieu sans l'être* », Paris, Communo/Fayard, 1982, p.41.

CHAPITRE I

La question philosophique de Dieu : d'une tradition à une autre

La philosophie par essence, est amour de la sagesse, du savoir ou de la vérité. Tout homme, à cet effet, a le devoir moral de chercher la vérité[13] puisqu'elle *« tend à percevoir la réalité originelle, à saisir la réalité par la manière dont je me comporte envers moi-même quand je pense et par mon activité intérieure ; à ouvrir notre être aux profondeurs de l'englobant (...).* Mais cette « *étymologie ne doit pas* nous *induire en erreur »* car *« l'amour qui s'y trouve suggéré est de l'ordre d'un désir ou d'une nostalgie, et la philosophie ne peut être confondue avec la sagesse, puisqu'elle se caractérise par une attitude interrogative et non dogmatique*».[14] Mieux, elle « *doit se passer du consensus unanime (...)*[15]» d'où l'audace de la percée méthodologique au sujet de la problématique de Dieu au XXIème siècle, laquelle conduit Jean-Luc Marion à une prise de position épistémologique ou à un renversement paradigmatique qui le sort de la métaphysique traditionnelle à la tradition phénoménologique, avec pour postulat, le principe de la *donation*. Si l'être se dit de diverses manières, *qu'est-ce qu'être* alors *pour Dieu* ? Est-ce la même catégorie que celle des métaphysiciens ? Voilà ce à quoi nous nous évertuerons dans ce travail propédeutique.

1-1- Au sujet de la métaphysique traditionnelle

A l'entame de notre analyse avec Jean-Luc Marion au sujet de la métaphysique traditionnelle, s'imposent à notre réflexion quelques interrogations. Pourquoi encore une autre méthode d'investigation sur la question de Dieu, malgré les efforts des millénaires de l'*ontologie traditionnelle* ? Pourquoi s'impose à Marion

---

[13] Cf. Jean-Paul II, *Fides et Ratio*, Editrice Vaticana, Rome, 1998, n°25.

[14] G. DUROZOI - A. ROUSSEL, *Dictionnaire de philosophie*, p.272.

[15] K. JASPERS, *Introduction à la philosophie*, p.6.

l'urgence d'une approche phénoménologique de Dieu ? N'est-il pas peut-être pour le simple plaisir de sacrifier à la tradition de l'éternelle remise en cause de la pensée philosophique ? Mais le constat semble évident lorsque le métaphysicien, épris de la phénoménologie affirme ceci : « *Chaque preuve, en effet, quelque démonstrative qu'elle paraisse, ne peut aboutir qu'au concept ; (...) La première idolâtrie* donc *peut s'établir rigoureusement à partir de la métaphysique, pour autant que son essence dépend de la différence ontologique, mais « impensée comme telle.*[16]» Marion est alors préoccupé de tenir la question de Dieu loin de toute idolâtrie conceptuelle, ce dont fait d'ailleurs montre l'un de ses ouvrages phares, *L'idole et la distance* de 1977. Ceci lui offre une replongée dans l'histoire de la métaphysique mais cette fois-ci à partir de Kant et suivant le rôle de *Reformater der Metaphysik* que celui-ci s'est assigné[17].

Par ailleurs, Saint Augustin lui aussi a ressenti une telle nécessité d'accéder à Dieu hors de son horizon métaphysique lorsqu'il suppose avoir reconnu sa *« nullité métaphysique », incapable qu'il est de penser correctement Dieu et le mal* ».[18] L'évêque d'Hippone a longtemps essayé de faire advenir Dieu par la pensée ou « *à travers la mémoire*[19] », mais toute sa « *philosophie du ciel*[20] *»* n'aboutit pas à grand-chose. Il résume lui-même ses consécutives déconfitures en ces termes : « *J'ai découvert que j'étais loin de toi dans la région de la dissemblance* ».[21]

[16] J.-L. MARION, Dieu sans l'être, Paris, Communo/Fayard, 1982, pp.50-51.

[17] Cf. R. TECHOU, *De la finitude*, Lecture du *Kantbuch* de Martin Heidegger, thèse soutenue à l'université de Poitiers le 21 Novembre 2017 et désormais publiée sous le titre *Phénoménologie de la finitude, essai sur l'analytique de la finitude humaine*, Flamboyant, Cotonou, 2018. L'auteur y montre que contrairement à la pensée qui fait de Kant un destructeur de la métaphysique, celui-ci n'en est même pas un déconstructeur à la manière de Nietzsche ou de Heidegger. Bien au contraire, il se tient dans la tradition métaphysique comme dans les deux précédents y compris cette fois-ci Descartes mais procède à sa réforme. Cette réforme métaphysique ébauchée depuis le XVIIIème siècle, donc à la suite de Descartes, doit à Kant ses lettres de noblesse comme l'évoque si bien le titre même de son ouvrage phare : *Critique de la raison pure*. La raison se questionne elle-même sur sa capacité de sonder la vérité des choses et découvre dès lors sa nature finie. La finitude est donc le point de départ de toute connaissance. Tel est la pointe de la pensée de Kant qui, par la suite, répondant à la question : « *Que m'est-il permis d'espérer ?* », pose la religion et donc l'idée de Dieu dans les justes limites de la raison.

[18] M. NEUSCH, *Saint Augustin L'amour sans mesure*, Parole et Silence, Langres 2001, p.39.

[19] *Idem*, p.42.

[20] Cf. Cicéron, in *Tusculanes*, V, IV, p.10.

[21] St Augustin, *Les confessions*, Livre XII, 10,16, d'après la traduction de TREHOREL et BOUISSOU, Bibliothèque augustinienne n° 13 et 14, DDB, 1962.

En effet, Jean-Luc Marion, allant plus à l'épure de sa vision sur la question, présente à visage découvert, son désaccord vis-à-vis de la gestion de *l'ontologie traditionnelle*. Tout au début de *Dieu sans l'être*, il montre clairement comment l'approche métaphysiques de la question de Dieu détourne son auteur de lui-même et le fait écrire « hors de lui, voire contre lui », parce qu'il veut écrire nécessairement sur un sujet qu'il ne maîtrise pas. Il souligne que « *le discours théologique n'offre d'ailleurs son étrange jubilation, que dans la stricte mesure où il permet et, dangereusement, exige de son ouvrier qu'il parle au-dessus de ses moyens (...) d'où le danger d'une parole qui, en un sens, parle contre celui qui s'y prête* ».[22] Le jeu donc de la métaphysique traditionnelle, à travers des *verba* pour essayer de signifier le Verbe par excellence, échouera à coup sûr, si l'essentiel pour elle n'est que de faire advenir le Verbe qui est Dieu par la pensée.

Par ailleurs, sans pour autant voir Marion comme un chevalier de la *tabula rasa* ou quelqu'un qui veut en découdre carrément avec la tradition métaphysique qui l'a précédé, précisons que sa visée phénoménologique est juste de déconstruire la métaphysique traditionnelle et de la faire tourner, comme le fit Husserl, vers une ère post-métaphysique qui accorde à la phénoménologie, la pleine responsabilité[23] de « *libérer la présence de toute condition et préalable à recueillir ce qui se donne comme il s'y donne et donc d'accomplir la métaphysique et, indissolublement, d'y mettre fin* ».[24] Cette déstabilisation fera sans doute des percées inouïes et permettra désormais à la philosophie d'être à même d'investir tous les domaines de la connaissance et du savoir, même les plus rigides, les plus fermés voire les apories. Il faut le dire, Marion, au bout de ses analyses, réalise qu'en la métaphysique traditionnelle, réside une véritable limite, surtout au niveau de ses

[22] J.-L. MARION, *Dieu sans l'être*, Paris, Communo/Fayard, 1982, p.10.
[23] R. TECHOU, *Penser et croire avec Jean-Luc MARION. Pour le tournant phénoménologique de la théologie*, Edilivre, p.13.
[24] J.-L. MARION, *Réduction et Donation, Recherche sur Husserl, Heidegger et la phénoménologie*, Puf, Paris, 1989, p.7.

discours sur Dieu, lesquels ne tiennent lieu que de l'*onto-théo-logie*.[25] Le cardinal Robert SARAH a perçu lui aussi le drame et l'a exprimé distinctement en ces termes :

> « *Souvent, les mots portent avec eux l'illusion de la transparence, comme s'ils nous permettaient de tout comprendre, de tout maîtriser, de tout ordonner (...) Jamais, le monde n'a autant parlé de Dieu, de la théologie (...) mais notre langage humain abaisse à un piètre niveau tout ce qu'il tente de dire sur Dieu. Les mots déflorent ce qui les dépasse (...) Nos mots nous enivrent, ils nous enferment dans le créé. Envoûtés et prisonniers du bruit des discours humains, nous courons le risque de construire un culte à notre hauteur, un dieu à notre image. Les mots portent avec eux la tentation du veau d'or ! Seul le silence conduit les hommes au-delà des mots, jusqu'au mystère, au culte en esprit et en vérité.*[26] »

Une réappropriation de cette pensée et surtout du concept du *silence* qui y est évoqué est à notre actif en ce sens que ce silence contemplatif et expérimental est une attitude scientifique qu'il faille forger chez le sujet connaissant. Car il le prédispose à faire place au *don* ou à tout ce qui *se donne* et lui accorde une valeur sans pareille. Bref, nous sommes déjà là devant le fait accompli, une erreur monumentale de la science de l'être en tant qu'être, laquelle oblige Marion à s'interroger vivement : « *Mais l'être a-t-il rapport, plus que quoi que ce soit, à Dieu ? Dieu a-t-il rien à gagner à être ? L'être - que quoi que ce soit, pourvu qu'il soit, manifeste – peut-il seulement accueillir quelque [chose de] Dieu*[27]? » Le parterre de ces questionnements sera sans conteste le mobile qui le conduira vers un exercice d'exonération de Dieu du concept de l'être.

---

[25] Par ce concept, Heidegger met en œuvre une nouvelle définition de l'essence de la métaphysique ; l'onto-théologie, par définition, ne pense jamais l'être qu'en rapport avec l'étant avec lequel il se confond.
[26] Card R. SARAH - N. DIAT, *La force du silence contre la dictature du bruit*, Pluriel, Rome, 2017, N° 239 ; 243.
[27] J.-L. MARION, *Dieu sans l'être*, Paris, Communo/Fayard, 1982, p.11.

1-2- Soupçon de l'idolâtrie conceptuelle

Plus qu'un « *prétendu athéisme* »[28] dont les actes sont consignés dans le réputé ouvrage *Also Sprach Zarathoustra*[29], l'idolâtrie conceptuelle est comme une idéologie métaphysique, laquelle a, avec les moyens dont elle disposait, fait de son mieux pour rendre compréhensible le mystère du Tout Autre. Mais en réalité, elle n'a que fait détourner l'humanité du sens du divin. Loin donc d'éclairer la question, elle l'a davantage noyée, et ce par le concept de l'idole.

En effet, le *concept* en lui-même n'est pas un mal en soi. Mais l'appliquer à l'étude d'un sujet précis comme le nôtre, fait crouler toute la fondation. Cela ne fait référence qu'à « *des herméneutiques ontiques, historiques et sémiotiques*[30] » qui n'ont rien de commun avec le regard phénoménologique qu'on devrait porter sur la question. A ce sujet, Marion écrit que « *le concept consigne dans un signe, ce que d'abord l'esprit avec lui saisit (concipere, capere); mais pareille saisie ne se mesure pas tant à l'ampleur du divin qu'à la portée d'une capacitas*[31] », ce que vient achever l'auteur de *Übermench*[32] *:* « *tout concept n'est que l'identification du non identique.*[33] » A Nicolas de Cues de tout corroborer, il s'exclame comme suit : *« Qui donc persiste à voir ta face à travers le concept est loin d'elle. Car tout concept est en deçà de ta face, Seigneur, (...) »*[34] Poursuivant dans la même logique, le philosophe du quattrocentos reprécise que « *Dieu transcende toute affirmation et toute négation. Tout ce que nous concevons qu'il est, il n'est pas plus vrai de l'affirmer qu'il le soit, plutôt que de le nier. Tout ce que nous*

---

[28] *Idem*, p.27.

[29] Il s'agit ici du titre original d'un fameux ouvrage de Friedrich NIETZSCHE qu'on pourrait aussi traduire par : « *Alors Zarathoustra prit la parole* » ou classiquement connu sous le vocable de « *Ainsi parlait Zarathoustra* ».

[30] J.-L. MARION, « *La banalité de la saturation* », Dieu et la raison. L'intelligence de la foi parmi les rationalités contemporaines, dir. F. Bousquet et Ph. Capelle Bayard. Paris 2005, p.183.

[31] J.-L. MARION, *Dieu sans l'être*, Paris, Communo / Fayard, 1982, p.26.

[32] Nous faisons ici allusion au Surhomme de NIETZSCHE dans « *Ainsi parlait Zarathoustra* ».

[33] F. NIETZSCHE, *Introduction théorétique sur la vérité et le mensonge au sens extra-moral* (1873), Arles, Actes Sud, Paris, 2012, pp.14-15.

[34] NICOLAS DE CUES, *Le tableau ou La vision de Dieu* [*De Visione Dei*], traduit par A. Minazzoli, Paris, Cerf (coll. « Nuit surveillée »), 1986 [1453], p. 42. Nicolas s'inspire ici directement de Denys l'Aréopagite pour qui la transmission des paroles saintes se recouvre d'un voile sacré, ce *parapetasma* qui évoque la tenture du sanctuaire. Voir en particulier *Les Noms Divins*, traduit par M. de Gandillac, Paris, Aubier (coll. « Bibliothèque philosophique »), 1980, p. 71 [592B].

concevons qu'il n'est pas, il n'est pas plus vrai de le nier qu'il le soit plutôt que de l'affirmer. »[35]

Nous percevons donc que partir d'un concept pour dire Dieu ou nommer Dieu par les attributs de la « *causa sui* », de la « *causa prima* » ou de « l'étant suprême » est ce que Jean-Luc Marion appelle l'idolâtrie conceptuelle. Il est temps donc de descendre des méandres vers le phénomène qui pourtant se donne à voir sans circonspection ou apparaît avec toutes ses modalités possibles. Traiter aujourd'hui de la question de Dieu à partir d'une conception autre que ce qu'elle offre elle-même est bien celui qui nous éloigne davantage d'elle. Autrement dit, pour Marion, toute réflexion qui tente de penser le divin par un concept n'est que de l'idolâtrie, puisque :

> *« (...) Quand une pensée philosophique énonce, de ce qu'elle nomme alors « Dieu », un concept, ce concept fonctionne exactement comme une idole : il se donne à voir, mais ainsi se dissimule d'autant mieux comme le miroir où la pensée, invisiblement, reçoit la localisation de son avancée en sorte que l'invisable se trouve, avec une visée suspendue par le concept fixé, disqualifié et abandonné ; la pensée se fige et paraît le concept idolâtrique de Dieu où plus que Dieu, c'est elle-même qu'elle juge »*[36]

Cela va donc sans dire qu'aucun concept *syncatégorématique*[37] ne peut servir de paradigme quand il s'agit de penser Dieu. C'est pourquoi, dès les premières pages de *Dieu sans l'être*, Marion, tout en reposant la question de l'être, prit vraiment la peine d'élucider, autant que faire se peut, la distance ontologique entre le concept de l'*idole* et celui de l'*icône* qu'il ne faut en aucun cas confondre : « *Tandis que l'idole résulte du regard qui la vise,* dit-il, *l'icône convoque la vue, en laissant le visible peu à peu se saturer d'invisible* »[38]. Voilà explicitée la dichotomie entre les concepts de l'idole et de l'icône. Aussi, pour répondre

---

[35] NICOLAS DE CUES, *De la docte ignorance*, Paris, éd. Guy Trédanel, 1979.

[36] J.-L. MARION, *Dieu sans l'être*, Paris, Communo / Fayard, 1982, p.26.

[37] Dictionnaire numérique, *Le Grand Robert de la langue française*, Le mot se dit d'un terme qui détermine l'extension du sujet ou modifie le prédicat (**ex. :** négation, modaux). En logique classique, il s'agit d'un terme dont le contenu est vide.

[38] J.-L. MARION, *Dieu sans l'être*, Paris, Communo / Fayard, 1982, p.28.

d'avance à toute équivocité, Marion analyse minutieusement chacun de ces concepts et aboutit à une synthèse aussi satisfaisante que prévue :

> « *Il faudra donc interroger les signa sur leur mode de faire signe, soupçonnant que l'idole et l'icône ne se distinguent qu'autant qu'elles font signe de manière différente, c'est-à-dire qu'elles usent de leur visibilité, chacune à sa guise ; mais la diversité de ces guises pour faire signe et se faire signa décide sans doute tout entre l'idole et l'icône* »[39]

Nous pouvons renchérir cette vision marionnienne de la question par ceci qu'il affirme ailleurs : « (…) *à l'inverse de l'idole qui délimitait l'étiage de notre visée, l'icône déplace les limites de notre propre visibilité à la mesure de la sienne propre – sa gloire* ».[40] A Roland TECHOU de commenter, il martèle comme Saint Paul que Jésus-Christ qui est « *l'icône du Dieu invisible* »[41] est « *l'ultime et unique lieu d'une pensée juste sur Dieu.*[42] » Ceci nécessite donc de la part du phénoménologue béninois de bien toiletter la question et d'en baliser minutieusement le chemin. C'est ça qui, l'amenant à redéfinir de plus belle les nouvelles modalités de la question, le fera voir également que la question de la « *causa sui* » par laquelle l'ontologie traditionnelle désigne Dieu est aussi un véritable obstacle ou une terrible ambiguïté qu'il faille nécessairement lever. C'est ce à quoi nous procéderons sans transition dans la partie subséquente.

1-3- Affranchir Dieu de la « *causa sui* »

Depuis que les tout premiers versets du prologue de Saint Jean furent connus comme des paroles porteuses du Verbe comme étant Dieu, un système de pensée, parfaitement cohérent dans le temps, a pris naissance, laquelle nous pouvons nommer ici la *métaphysique*. Aussi appelée la *science de l'être en tant qu'être* ou

---

[39] *Idem*, p.17.
[40] *Idem*, p.35.
[41] Col 1, 15.
[42] R. TECHOU, « *Phénoménologie et Théologie* » *La méthode Jean-Luc Marion*, *Croix du Salut*, p.11.

la métaphysique traditionnelle, l'autre vocable que nous lui reconnaissons avec Heidegger est celui de l'*ontologie traditionnelle.*

Derrière ce schème de pensée, se cache un véritable dualisme entre l'être, objet de la philosophie métaphysique et Dieu objet de la théologie. *« La métaphysique en effet,* fait sienne le concept de l'être, *alors qu'elle n'a nul besoin de la théologie de la foi pour énoncer des noms divins : « Dieu » comme fondement ultime, avec Leibniz ; « Dieu » comme « Dieu moral », avec Kant, Fichte et Nietzsche ; « Dieu » enfin et surtout comme causa sui avec Descartes, Spinoza et à la fin toute la métaphysique.*[43] » Ainsi pour la science de l'être en tant qu'être, rien n'apparaît sans cause ou sans corrélation entre une cause et un effet. De fait, pour parler en langage métaphysique, on dirait qu'il n'y a jamais d'existence sans essence. Toute existence, pour l'ontologie traditionnelle est donc mue par une essence qui la fait être. Toute cause causée est donc la résultante d'une autre cause qui cause, mais qui n'est jamais causée. Ce fut là le début de l'idolâtrie conceptuelle que dénonce Jean-Luc Marion : « *l'idole conceptuelle a un site, la métaphysique, une fonction, la théologie dans l'onto-théo-logie, et une définition, la causa sui*[44] » C'est bien ce qui aurait prévalu dans la tradition métaphysique comme l'exprimée clairement Saint Thomas d'Aquin dans la *Summa theologia* :

> *« (...) Il est nécessaire de parvenir à un moteur premier qui ne soit lui-même mû par aucun autre, et un tel être, tout le monde comprend que c'est Dieu. (...) Il faut donc nécessairement affirmer qu'il existe une cause efficiente première, que tous appellent Dieu. (...) On est donc contraint d'affirmer l'existence d'un être nécessaire par lui-même ; qui ne tire pas d'ailleurs sa nécessité, mais qui est cause de la nécessité que l'on trouve hors de lui, et que tous appellent Dieu. (...) Il y a donc un être qui est, pour tous les êtres cause d'être, de bonté et de toute perfection. C'est lui que nous appelons Dieu ».*[45]

---

[43] J.-L. MARION, *Dieu sans l'être*, Paris, Communo / Fayard, 1982, p.97.
[44] *Idem*, p.65.
[45] THOMAS d'Aquin, Somme théologique, Tome I (Prima pars, q,2), Paris, Cerf, 1984, p.172-173.

De cette assertion qui, à première vue, préconise l'ordre des faits sur celui de la connaissance, nous comprenons franchement avec le docteur angélique, et ce de façon déductive, que la démonstration de l'existence de Dieu à travers la *quinquae viae* doit nécessairement s'effectuer à la lumière des effets, et non directement par la seule logique formelle comme l'aurait évoqué Saint Anselme de Canterbury. Mais, que ce soit pour Thomas d'Aquin ou Anselme, cette vision métaphysique ne rend plus explicite la question de Dieu, car « *le don précède le fait d'être*[46]. »

C'est pourquoi, pour répondre au « *Cujus essentia est ipsum et suum esse* »[47] *[Dont il est lui-même l'essence et son être]* de l'Aquinate, l'académicien français pose une série de trois questions au bout desquelles il parvient à cette réponse : «... *Dieu ne relève pas de l'être,* mais *il nous advient en et comme un don* »[48]. Partant, Marion se fait encore beaucoup plus clair, affirmant que « *Dieu sauve le don, pour autant précisément qu'il n'est pas et n'a pas à être* ».[49] Y. BONNEFOY soutient l'idée en y ajoutant que « *Dieu qui n'est pas, mais qui sauve le don* »[50] doit être exonéré du joug du concept de l'être. C'est déjà ce que proclamait implicitement Martin Heidegger en 1951 au séminaire de Zürich[51] lorsqu'il dit que le Dieu que nous faisons advenir par la pensée est un Dieu dangereux qui ne peut pas sauver notre monde corrompu. D'où l'avis du penseur du *sens de l'être* sur le sens de la théologie : « *S'il m'arrivait encore d'avoir à mettre par écrit une théologie, - ce à quoi je me sens parfois incité, - alors le terme d'être ne saurait en aucun cas y intervenir. La foi n'a pas besoin de la pensée de l'être. Quand elle y a recours, elle n'est plus la foi*[52].» Peut-on alors penser Dieu indépendamment de l'être ? Si Dieu est, n'a-t-il qu'à être ?

---

[46] J.-L. MARION, *Dieu sans l'être*, Paris, Communo / Fayard, 1982, p.12.
[47] Il s'agit ici d'une vision thomasienne qui voit Dieu comme une entité dont l'essence coïncide avec l'être.
[48] J.-L. MARION, *Dieu sans l'être*, Paris, Communo/Fayard, 1982, p.12.
[49] *Idem*,
[50] Y. BONNEFOY, *Dans le leurre du seuil*, Paris, 1975, p.68.
[51] J.-L. MARION, *Dieu sans l'être*, Paris, Communo/Fayard, 1982, (lire la note de bas de page), p.93.
[52] Cf Martin Heidegger *in Questions IV*, cité par Jean-Luc Marion dans *Dieu sans l'être*.

1-4- Dieu et le concept de l'Être

L'affirmation de départ à ce niveau est vraiment décisive et s'inscrit à nouveau dans l'interrogation de Martin Heidegger à toute la tradition théologique : « … *Être et Dieu ne sont pas identiques et je ne tenterais jamais de penser l'essence de Dieu au moyen de l'être (…) De l'être, il n'y a ici rien à attendre. Je crois que l'être ne peut au grand jamais être pensé à la racine et comme essence de Dieu.*[53]» Certes, Marion n'est pas un heideggérien. Mais, s'éloigne-t-il pour autant de la décision de penser Dieu autrement qu'au-delà de la catégorie de l'être ?

Penser Dieu *a-métaphysiquement* ou hors la *différence ontologique*, avec un arrière-plan phénoménologique à la lumière de l'amour comme condition *sine qua non* « *de penser le sujet selon la donation*[54]», est l'ensemble de ce que nous pouvons nommer ici le postulat de Jean-Luc Marion. En effet, l'objectif que nous visons essentiellement avec lui consiste à examiner, autant que faire se peut, la possibilité d'une part, de nier au concept de l'être son idonéité à penser Dieu et d'autre part de dépasser l'horizon de cet être, lequel fut « *fixé voire figé par la métaphysique comme infranchissable.*[55] » Ainsi donc, la thèse de Jean-Luc Marion, exposée dans cet ouvrage *Dieu sans l'être* et très critiquée, est probablement connue de tous. Pour le phénoménologue français, le concept de l'être n'est qu'une sorte de réflexion idolâtrique qui, loin de nous approcher du vrai mystère de Dieu, feigne à peine de nous l'expliciter. Marion en donne les preuves comme suit : « *Parce que l'idole ne laisse advenir le divin qu'à la mesure de l'homme, l'homme peut ainsi consigner l'expérience idolâtrique en l'art, et ainsi la maintenir accessible sinon à tous et toujours*[56]…» Tout ce qui vient donc de l'homme sous le joug d'un concept appelé *l'être* est naturellement de l'idolâtrie

---

[53] M. HEIDEGGER, *Séminaire de Zürich*, tr. fr. par D. SAATDJIAN et F. FEDIER, Paris, 1980, p.60-61.

[54] J. KONARSKI in article « Le Dieu amour délié de la pensée de l'être lectures de la phénoménologie de la donation chez Jean-Luc Marion » Warszawskie Studia Teologiczne XXIII/2/2010, 81-128.

[55] J. KONARSKI in article *Le Dieu amour délié de la pensée de l'être. Lectures de la phénoménologie de la donation chez Jean-Luc Marion* Warszawskie Studia Teologiczne XXIII/2/2010, 81-128.

[56] J.-L. MARION, *Dieu sans l'être*, Paris, Communo/Fayard, 1982, p.25.

conceptuelle. Mais J.-D. Robert, un commentateur de Marion, ne partage pas cette vision. Lui pense plus tôt que l'être est à maintenir au cœur de l'horizon spéculatif de Dieu, ce qu'il affirme d'ailleurs avec gravité :

> « *L'être est – et il faudrait toujours s'en souvenir – l'horizon obligé de toute pensée et, quand il est question de Dieu, c'est, pour une intelligence d'ici-bas, l'être qui est la référence première et dernière de toute visée sur Dieu. C'est le nom premier et suprême de Dieu, où l'être est entendu comme Esse per se subsistens. Et l'on ne peut échapper à cette nécessité tant en théologie qu'en philosophie puisque l'on se heurte là à une nécessité intrinsèque de l'intellect humain sur la terre. C'est là une donnée de l'homme sur terre : s'il veut parler de Dieu, il ne peut se passer de la visée de l'être et, même dans son expérience pure de l'amour de Dieu saisi dans son amour de façon réflexive, il est impossible que ne joue pas implicitement la lumière de l'être*[57] »

De ce qui précède, nous pensons qu'il est nécessaire et très urgent de repréciser qu'en réduisant Dieu au concept de l'être, l'homme crée ou taille une image voire une idole de ce dernier à sa mesure, image qu'il pourra ensuite analyser et examiner, mais qui en même temps, au lieu de montrer Dieu, risque fort de le torpiller et de le dissimuler. C'est bien ce que dénonce les maîtres du soupçon et dont Feuerbach nous donne ici l'écho : « *C'est l'homme qui est le modèle original de son idole*[58]», ce que reprend paradoxalement Marion sans ambages : « *L'énormité de notre proposition – libérer « Dieu » de l'être – ne pourra devenir tolérable (...) que si d'abord elle se formule assez rigoureusement pour admettre des réserves.* »[59]

Pour Marion donc, « *le cliquetis verbal*[60] » sur la question de Dieu doit cesser de régner vue l'énormité des exigences des temps nouveaux et les défis colossaux des civilisations actuelles. Nous le suivrons dans ses nouvelles possibilités de penser Dieu ; non plus avec le concept de *l'être* mais selon *l'amour* et la *donation*

---

[57] J.-D. ROBERT, *A propos d'un article de Jean-Luc Marion sur le premier nom de Dieu*, Revue Théologique de Louvain 17, 1986, n° 2, 205s.
[58] FEUERBACH, Das wesen des christentums, in G.W., Berlin, 1968, Bd. V, S. 11, « ... dass das Original ihres Götzenbildes der Mench ist ». Trad. Fr. J. –Posier, Paris, Maspero, 1968, p.98
[59] J.-L. MARION, *Dieu sans l'être*, Paris, Communo/Fayard, 1982, p.92.
[60] *Idem*, p.30.

pour voir dans quelle mesure son dépassement du sens de la métaphysique par la phénoménologie de la donation contribue-t-elle à mieux rendre compte du Dieu-Amour de la Révélation chrétienne pour notre époque.

CHAPITRE II

Jean-Luc Marion et la reprise herméneutique de la question de Dieu

« Qu'est-ce que la reprise herméneutique ? » et « pourquoi une reprise herméneutique de la question de Dieu ? » La question est liée à la distinction entre période et époque et concerne surtout l'élargissement des concepts à l'heure de la post-modernité. Si Descartes fut le chevalier de la modernité comme le signale si bien Paul Ricœur, c'est avec ce dernier qu'à l'âge herméneutique de la raison (Jean Greisch) qu'il est à constater, la limite conceptuelle du Cogito à servir de fondement exclusif à la question de Dieu et à son élaboration.

Avant Jean-Luc Marion et contrairement aux vœux de Husserl de mettre la question de Dieu entre parenthèses (époché ou réduction phénoménologique), c'est le penseur allemand Martin Heidegger qui aurait déjà suggéré qu'on pense le divin à la limite de son impossibilité. Et tout comme Kant, nous voulons montrer qu'avec Marion, Dieu n'est pas connaissable puisque « *nul ne l'a jamais vu*[61] » mais qu'il reste toujours pensable (parce que Jésus son Fils Unique nous l'a fait connaître). Penser et connaître se coïncident ici pour justifier que de Dieu on ne peut que saisir ce qu'Il dit de lui-même. D'où la thématique de *Donation* très chère à Marion, laquelle répond aujourd'hui aux principes herméneutiques de notre reprise du sens de Dieu.

Ainsi, dans sa reprise herméneutique de la question de Dieu, Jean-Luc Marion prend de nouveau conscience de l'herméneutique métaphysique de la question. À cet effet, il se demande si le questionnement sur Dieu, pour rester fidèle à la rationalité, doit nécessairement et exclusivement emprunter les chemins qui mènent au « Dieu des philosophes et des savants », vu que cesdits chemins sont

[61] 1Jn 4, 11.

ceux qu'ont toujours empruntés toutes « les décisions métaphysiques[62]. » Mais puisqu'il s'agit de repenser autrement la question, « *non pas simplement pour des raisons spéculatives*[63] », mais pour une objectivité bien définie, Marion tourne pour la première fois la page de la métaphysique avec tout l'arsenal du concept de l'être pour insuffler un nouveau souffle et un nouveau langage à la problématique de Dieu, moyennant les concepts de la *donation* et de *l'amour*, longtemps laissés aux oubliettes. Dans ce deuxième chapitre, nous aurons à montrer avec le penseur de la donation que si « *Dieu ne peut se donner à penser sans idolâtrie qu'à partir de lui seul [il ne peut]se donner à penser [que] comme amour, donc comme don (...)*[64] »

2-1- La donation au principe

Dans la préface aux *Fondements pour la métaphysique des mœurs,* Kant écrit : « *Toute philosophie qui se fonde sur l'expérience peut être appelée empirique, mais celle qui tire ses doctrines uniquement de principes a priori peut être appelée philosophie pure. Cette dernière, lorsqu'elle est purement formelle, s'appelle logique ; mais lorsqu'elle est limitée à des objets déterminés de l'entendement, elle s'appelle métaphysique*[65] ». La préoccupation à cet effet est de savoir comment situer la phénoménologie de la donation de Marion dans l'ordre de l'expérience empirique ou celui d'une expérience *a-métaphysique* du divin ?

Rappelons d'entrée de jeu que Marion est entré en phénoménologie parce que séduit par le « Je » transcendantal de Husserl. Avec l'étude de la *chose en soi* et de l'« *époché transcendantale »*[66], il parvient à étudier l'essence (*eidos*) même du phénomène qui se présente, faisant ainsi usage de l'*Einklämmerung*[67] de tous les

---

[62] J.-L. MARION, *Le visible et le Révélé*, Cerf, Paris, 2005, p.75-76.
[63] E. KANT, *Fondement pour la métaphysique des mœurs,* Hatier, Paris, 2007, préface n°115, p.11.
[64] J.-L. MARION, *Dieu sans l'être*, Paris, Communo/Fayard, 1982, p.75.
[65] *Idem*, préface n°35, p.8.
[66] P. HOUNTONDJI, *Combats pour le sens. Un itinéraire africain*, Flamboyant, Cotonou, 1997, p.49.
[67] Nous faisons ici allusion à la réduction phénoménologique ou à la méthode de « mise entre parenthèses ».

préjugés théoriques qu'offre *a priori* ce phénomène. Par son postulat *Zu den sachen selbst*[68], Husserl décide d'étudier désormais non pas les contours extérieurs ou les faces apparentes (*seiten*) du phénomène, mais son *leibhaft*, c'est-à-dire le phénomène même *en chair et en os*, éliminant ainsi tout présupposé (*Voraussetzunglösigkeit*) et obstacles théoriques. Husserl se démarque de son maître Brentano et élabore sa propre philosophie tout en abstrayant la question de l'intuition naturelle et opte pour ce qui ne « l'était pas d'abord » du phénomène, d'où son concept des *présentifications.* Assez vite perçue et expliquée par Stéphane VINOLO, nous comprenons que la donation husserlienne est celle qui prend la forme de l'objet et que le donné doit être nommé et déterminé[69]. C'est peut-être cet état de chose, précisément le « Je » transcendantal husserlien ajouté de « l'horizon clos de l'être heideggérien » qui obligeront Marion à prendre ses distances vis-à-vis de Husserl, car pour lui, « *ce qui apparaît* au sujet connaissant, *apparaît sans aucun droit* »[70] et ce, avec toutes ses possibilités d'être. Allant donc au-delà des frontières de la réflexion du fondateur de la nouvelle philosophie[71] et de l'auteur de *Etre et temps*[72], Marion remet aussi en cause la vision de Jean KAMP pour qui « *le monde*[73] *est encore autre chose que ce qu'il paraît.*[74] » Retenons que la philosophie de l'apparaître, essentiellement axée sur la *donation*, est réellement la nouveauté que Jean-Luc Marion apporte à la phénoménologie[75]. C'est pourquoi, dans sa reprise herméneutique de la question de Dieu, il fait objectivement un détour par la pensée et propose alors son principe, un principe qu'il appelle : « *autant de réduction, autant de donation* »,[76] lequel constitue le fil conducteur ou le maître mot de sa pensée, de sorte que ce qui apparaît, apparaît

[68] Il s'agit du « *retour aux choses-mêmes* », méthode par laquelle Husserl entre en débat philosophique.
[69] Cf. S. VINOLO, *Dieu n'a que faire de l'être, Introduction à l'œuvre de Jean-Luc Marion*, Germina, 2012.
[70] R. TECHOU, « *Phénoménologie et Théologie » La méthode Jean-Luc Marion*, Croix du Salut, p.4.
[71] Il s'agit de Husserl comme le père fondateur de la « nouvelle philosophie » : la phénoménologie.
[72] Nous parlons ici de Heidegger qui semble parachever la création de Husserl.
[73]Nous considérons le monde ici comme « totalité existante » qui peut être remplacé par l'homme, la chose…
[74] J. KAMP, *Le Dieu de notre nuit*, Casterman, Tournai, 1977, p.38.
[75] Cf. Philippe LESTANG dans son article « *Quelques pas dans la phénoménologie de Jean-Luc Marion en liaison avec sa conférence à Gif/Yvette le 7 Janvier 2015* », mis en ligne le 30.01.2015.
[76] J.-L. MARION, *Etant donné. Essai d'une phénoménologie de la donation*, Quadrige, Paris, 2013, p.23.

sans d'autres raisons « *que l'unique droit d'apparaître*[77] ». Dès lors, ce n'est plus le principe de la *vie* comme chez Levinas, ni celui de la *finitude* chez Hegel, ni encore celui de *lebentwelt* chez Husserl, mais celui de la *donation* et de l'*amour*. Marion lui-même en donne d'ailleurs les preuves : « *La métaphysique en effet n'a nul besoin de la théologie de la foi pour énoncer des noms divins (...) Ces concepts de Dieu relèvent strictement de la métaphysique, selon la seule exigence de l'onto-théo-logie*[78]*.*»

De ceci, nous comprenons sans ambiguïté avec Marion, et ce par Schelling, que Dieu, dans le phénomène par excellence de la Révélation, ne nécessite guère l'agir d'une *raison suffisante* humaine pour s'accomplir, mais d'une certaine liberté qui lui est due : « *La liberté de Dieu à l'égard de sa propre existence.*[79]» Voilà d'ailleurs selon Marion, la justification du titre de son ouvrage *Dieu sans l'être* : « *Sous le titre Dieu sans l'être nous n'entendons pas insinuer que Dieu ne soit pas, ni que Dieu ne soit pas vraiment Dieu. Nous tentons de méditer ce que F.W. Schelling nommait « la liberté de Dieu à l'égard de sa propre existence*[80]*.*» Le phénomène saturé de la Révélation, celle par laquelle Dieu se fait *don* à l'humanité, « *n'attend aucune élucubration philosophique pour se rendre manifeste*[81]. »

Toujours dans cette perspective, il est à préciser que le principe de la *donation* est général à toute la philosophie de Marion. Mais en l'appliquant à une question précise qu'est ici celle de la problématique de Dieu, notre auteur était à dire que Dieu *se donne* et s'est toujours donné. Il ne s'agit donc pas de Le chercher dans le vide comme l'exprime si bien la plume du prophète Isaïe : « *Je suis le Seigneur : il n'en est pas d'autre ! Quand j'ai parlé, je ne me cachais pas quelque part*

[77] R. TECHOU, *Phénoménologie et Théologie. La méthode Jean-Luc Marion*, Croix du Salut, p.8.
[78] J.-L. MARION, *Dieu sans l'être*, Paris, Communo/Fayard, 1982, p.97.
[79] F.W.J. SCHELLING, *Zur Geschichte der neueren Philosophie, in Sämmtliche Werke*, Schröter, I/10, S. 22.
[80] J.-L. MARION, *Dieu sans l'être*, Paris, Communo/Fayard, 1982, p.10.
[81] R. TECHOU, *Penser et croire avec Jean-Luc MARION. Pour le tournant phénoménologique de la théologie*, Edilivre, p.38.

dans l'obscurité de la terre ; je n'ai pas dit aux descendants de Jacob : cherchez-moi dans le vide. Moi le Seigneur, je parle franchement, ce que j'annonce est clair et net. »[82] Il faut plutôt voir autrement la question comme l'atteste ce passage vétéro-testamentaire : « *C'est le Seigneur qui est Dieu, là-haut dans le ciel, comme ici-bas sur la terre*[83] ». *Là-haut dans le ciel* comme une entité transcendantale et *ici-bas sur la terre* comme pour signifier son immanence. Les temps ont vieilli, les sens sont déplacés. Alors *« l'Acte pur de Saint Thomas, la causa sui de Descartes, la Raison Suffisante de Leibniz qui tiennent jusque-là l'étant suprême comme principe de fondation, cet étant suprême que la métaphysique a identifié comme Dieu, perd enfin de son assise.*[84] »

Cependant, nous en déduisons comme limite à la pensée marionnienne que « la rationalité du divin s'évalue aussi bien dans la transcendance que dans l'immanence », ce qui en aucun cas, ne nous dispense de nous accorder avec le philosophe catholique que pour « *passer le Rubicon*[85] » de l'endoctrinement de la philosophie première, il faut à coup sûr une neutralité métaphysique, laquelle ouvre largement les portes du triomphe à la « nouvelle philosophie.[86] »

2-2- De la neutralité métaphysique à la phénoménalité de l'apparaître

Comme nous le signalions un peu plus haut, l'objectif précis de Jean-Luc Marion dans cet ouvrage est de montrer évidemment que *Dieu n'a pas à être, Dieu n'a que faire de l'être* pour se dire comme l'illustre d'ailleurs Stéphane VINOLO. Il urge donc de Le penser autrement. Pour ce faire, il faudrait alors justement une

[82] Isaïe 45, 18-19. Pour l'expression « *dans le vide* », on verra dans La Bible de Jérusalem : « *dans le chaos* » ou l'expression « *là où il n'y a rien* ». Dans la Bible expliquée, à la place de « *en cachette* » on verra « *en secret* ».
[83] Dt 4, 39.
[84] R. TECHOU, *Penser et croire avec Jean-Luc MARION. Pour le tournant phénoménologique de la théologie*, Edilivre, p.28.
[85] L'expression ici employée, ressort du titre de l'un des ouvrages d'Emmanuel FALQUE : Emmanuel FALQUE, *Passer le Rubicon. Philosophie et théologie. Essai sur les frontières*, « Donner raison et philosophie », 42, Lessius, Bruxelles, 2013.
[86] Nous désignons ici par l'expression « nouvelle philosophie », la phénoménologie.

neutralité métaphysique de la part du sujet connaissant, laquelle promeut l'épiphanie de l'apparaissant qui apparaît sans raison voire sans *a priori* : c'est la phénoménalité de l'apparaître. Nous pensons donc que cette nouveauté marionnienne reste et demeure la pierre angulaire de toute philosophie de Dieu qui, loin de tout ce qu'on peut penser d'elle n'est tout simplement qu'une méthode qui refonde les paradigmes conçus du système scolastique. Il faut encore oser penser Dieu, mais autrement, puisque la question semble toujours déplacée et délogée complètement de son site qui lui est propre. La vérité sur Dieu en effet, même si elle sera toujours non exhaustive, ne viendrait que de ce d'où provient la vérité elle-même, de sa constellation et de son ouverture.

Cette neutralité que propose alors la phénoménologie comme « principe de tous les principes » mais qui en réalité n'est qu'un « *principe sans principes*[87] », loin de souffrir de quelque clarté intellectuelle, souligne Roland TECHOU, trouve en théologie contemporaine un lieu-d'être assuré par une reprise herméneutique[88]. Débarrasser alors la philosophie de l'idolâtrie conceptuelle accumulée et consommée par des siècles, laquelle idolâtrie se présente essentiellement sous deux formes (Dieu pensé comme *causa sui* et *L'Être* comme *écran)* est le gigantesque projet qu'entreprend Jean-Luc Marion. Certes, sa pensée philosophique, de son propre aveu à Dan ARBIB lors d'un entretien, peut ne pas avoir un horizon bien défini ou bien fixé. Mais toujours est-il que notre auteur vise un objectif et défend nécessairement une conviction. De sa propre sagesse, émane ce qui suit :

> *« (...) On mène précisément un travail philosophique sans savoir ce qui l'anime, voire justement parce qu'on l'ignore. En un sens, je n'ai jamais eu l'impression de savoir où j'allais et je n'ai jamais commencé un travail philosophique, un livre ou un article, en sachant sinon où j'allais, du moins ce que je faisais. Bien sûr, à chaque fois je connais la question qu'on m'a posée ou que je me pose, mais je ne sais pas exactement où je vais ; et*

[87] E. HUSSERL, Idées directrices pour une phénoménologie, 1913.
[88] R. TECHOU, « *FINITUDE ET PHENOMENOLOGIE Pour une réception théologique* », Conférence-débat aux Théologiens du séminaire Saint Gall de Ouidah, le 14 Mai 2018.

l'intérêt d'un travail philosophique de haute mer tient sans doute à ce qu'on parcourt une distance que l'on ne mesure que rétrospectivement du regard. Aussi est-ce livre après livre qu'on entrevoit avec un peu plus d'acuité ce qu'on visait. »[89]

Alors, de ceci qui précède, plutôt qu'une fuite de la question de Dieu, nous déduisons en amont qu'il s'agit là pour Marion, d'une humilité intellectuelle qui fait le propre des grands esprits. Puisque plus tard, il reprendra la parole en ces termes : « *Un souvenir pourtant me revient, éclairant. Un jour, (...) il m'apparut soudain, sans préparation, l'idée très simple que « la question de l'être » n'était pas première, mais qu'elle relevait, comme un reflet (...) Être vient après, comme sa trace, son vestige et son dépôt, un tout autre événement.* »[90]

Retenons donc que malgré l'aveu de son humilité à ne rien savoir, le vœu de la déstabilisation (au sens de déconstruire pour refaire) des idéologies de la *causa sui* ou de *l'étant suprême* reste le τέλος « *télos*[91] » (la fin ultime) de son avis sur la question de Dieu. Corroborons nos analyses par ce qu'il dit lui-même : l'importance qu'il y a aujourd'hui pour la question de Dieu, c'est qu'« *il faudra donc interroger les signa sur leur mode de faire signe, soupçonnant que l'idole et l'icône ne se distinguent qu'autant qu'elles font signe de manière différente, c'est-à-dire qu'elles usent de leur visibilité, chacune à sa guise ; mais la diversité de ces guises pour faire signe et se faire signa décide sans doute tout entre l'idole et l'icône.* »[92]

Cela va donc sans dire que Marion, en prenant pied sur ce sol « *non métaphysique ou, à défaut d'une telle transgression, métaphysique neutre*[93] », ouvre grandement à la philosophie, les portes d'une nouvelle ère où la question de Dieu semble reprendre naissance. A Dominique Morin qui pense que « *notre nomination de Dieu ne pouvant jamais en effet être indépendante de notre culture et de la genèse*

---

[89] Cf. J.-L. MARION, *La Rigueur des choses. Entretiens avec Dan ARBIB*, Flammarion, Paris, 2012.
[90] *Idem*,
[91] P. HOUNTONDJI, *Combats pour le sens. Un itinéraire africain*, Flamboyant, Cotonou, 1997, p.52.
[92] J.-L. MARION, *Dieu sans l'être*, Communo/Fayard, Paris, 1982, p.17.
[93] J.-L. MARION, *Le visible et l'Invisible*, Cerf, Paris, 2005, p.9.

même de cette culture, » et qu' *« il nous faut maintenant faire un recours en arrière pour voir d'où nous vient la conception de Dieu qui est couramment la nôtre aujourd'hui*[94] », adressons cet avis sévère que nous jugeons objectivement judicieux: si *Dieu n'a rien à gagner à être* et s'Il ne se donne que par l'amour, ce n'est pas s'accrocher à une culture quelconque ou s'arc-bouter sur les réalités caduques de cette dernière qui, mieux nous Le révélera. La solution à cette question, aussi préoccupante qu'elle soit, est encore ailleurs.

2-3- Dieu autrement ou l'amour au principe

Avec les expressions « *Dieu sans l'être* » ou « *Dieu autrement »,* tout lecteur non initié à la phénoménologie de Jean-Luc Marion croirait à première vue (puisque cela saute à l'œil) que le fondateur du « *quatrième grand principe de la phénoménologie*[95] » renie Dieu ou prétend persuader qu'il n'existe pas. Mais il n'en est pas ainsi. Jean-Luc Marion lui-même exprime d'ailleurs mieux la chose lorsqu'il écrit : « *Sous le titre Dieu sans l'être nous n'entendons pas insinuer que Dieu ne soit pas, ni que Dieu ne soit pas vraiment Dieu.* Mais *« nous tentons de méditer ce que F.W. Schelling nommait « la liberté de Dieu à l'égard de sa propre existence.*[96]»

En effet, l'urgence de penser Dieu autrement est comme pour nous un impératif catégorique, un besoin existentiel. Saisissons donc que Marion ne rejette pas l'éternel retour de la question de Dieu, mais l'embrasse en toute responsabilité pour en proposer une autre méthode qui l'approche mieux : « *autant de réduction, autant de donation*[97]» ou « *d'autant plus de réduction, d'autant plus de*

[94] D. MORIN, *Pour dire Dieu*, Cerf, Paris, 1989, p.19.
[95] J. KONARSKI, « *Le Dieu Amour délié de la pensée de l'être Lectures de la phénoménologie de la donation chez Jean-Luc Marion* », Warszawskie Studia Teologiczne XXIII/2/2010, p.95.
[96] J.-L. MARION, *Dieu sans l'être*, Paris, Communo/Fayard, 1982, p.10.
[97] J.-L. MARION, *Réduction et donation*. op. cit., p.303.

donation.[98] » Telle est la magnifique méthode découverte par Marion, laquelle reste et demeure la pierre maîtresse de toute sa philosophie, la nouveauté même de tout son apport phénoménologique. Il demande ainsi à tous comme le fit Schelling, de rétrocéder à Dieu sa liberté à l'égard de sa propre existence[99]. Le regard donc, porté essentiellement sur l'idole, cesse d'aller jusqu'au bout de son exercice, c'est-à-dire porté vers Dieu lui-même comme l'essentielle visée. Tout en feignant de la fortifier, l'idole abîme entre le regardant et le regardé l'intimité réciproque qu'ils devraient se communiquer. Ce regardant, croyant avoir saisi la *quiddité* de l'objet de sa connaissance, finit sa course en plein chemin et risque ainsi de ne pas se rendre compte de ce qu'il a en même temps perdu.

Ainsi, avec sa présumée connaissance découverte, l'homme passe à côté du mystère même de Dieu. Et ce faisant, Dieu prétendument connu, n'est plus un vrai Dieu ni un véritable mystère car « *toute prétention au savoir absolu relève donc de l'idole*[100] ». Et, devenant ainsi un objet de connaissance, Dieu peut être désiré, mais ne peut plus être aimé car « *le moment où nous pensons connaître l'autre est toujours la fin de l'amour.*[101]» C'est d'ailleurs là, le véritable mobile pour lequel Jean-Luc Marion s'interdit d'identifier Dieu avec l'être, jusqu'à raturer le nom « Dieu » par une croix de Saint André, ce qui signifie la mise en distance du vrai Dieu par rapport à toutes les idoles, y compris même celles conceptuelles, qui tenteraient de se l'approprier ou de le circonscrire. C'est justement ce que résume Marion en ces termes :

> *« L'impensable nous contraint à substituer aux guillemets idolâtriques de « Dieu », le Dieu même que nulle marque de connaissance ne démarque ; et, pour le dire, raturons Dieu, d'une croix, provisoirement de saint André, qui montre leur borne aux tentations, conscientes ou naïves, de blasphémer à l'impensable en une idole (...) : Raturer Dieu, en fait, indique et rappelle*

[98] Cf. J.-L. MARION, *Étant donné*, op. cit.,23-31 et M. HENRY, « Quatre principes de la phénoménologie », Revue de Métaphysique et de Morale, n° 1, 1991, pp.3-26.
[99] F.W.J. SCHELLING, *Zur Geschichte der neueren Philosophie, in Sämmtliche Werke*, Schröter, I/10, S. 22.
[100] J.-L. MARION, *Dieu sans l'être*, Paris, Communo/Fayard, 1982, p.37.
[101] M. FRISCH, Gesammelte Werke, tome 2, Francfort, 1976, 369 (Cité par B. RORDORF, "Tu ne te feras pas d'image". Prolégomènes à une théologie de l'amour de Dieu, coll. « Cogitatio fidei » n° 167, Paris : Cerf, 1992, 14-15). Cf. aussi J.-L. MARION, *L'idole et la distance.* Cinq études, Paris : Grasset, 1977, 266.

que Dieu rature notre pensée parce qu'il la sature (...) La rature de Dieu, nous ne la traçons sur son nom écrit que parce que, d'abord, il l'exerce, lui, sur notre pensée, comme son impensable. Nous ne raturons le nom de Dieu que pour nous manifester, à nous-mêmes bien sûr, que son impensable sature notre pensée - dès l'origine, et à jamais[102]*.»*

De ce passage qui pourtant se laisse aisément à comprendre parce qu'explicité déjà plus haut, ressort pour nous une analyse aussi judicieuse : la croix de Saint André servir pour biffer le nom « Dieu », n'indique en aucun cas que Dieu devrait disparaître du champ de la philosophie comme concept, ou qu'il n'interviendrait plus désormais qu'à titre d'hypothèse.

De tout ce qui précède, qui sert donc de prélude et fraye le chemin à la vraie question que nous voulons aborder, nous pouvons résumer partiellement qu'au lieu de considérer le concept de l'être comme le nom adéquat de Dieu, Marion s'impose plutôt d'envisager l'amour comme le premier principe désignant Dieu, en avançant l'argument selon lequel l'amour, toujours prêt à tendre vers le plus grand bien, constitue une vraie icône qui peut donner accès direct au mystère du Divin.[103] C'est à cet effet qu'il écrit ce qui suit : *« l'icône convoque la vue, en laissant le visible peu à peu se saturer d'invisible. »*[104] Voilà également ce qu'exprimait déjà l'écrivain français André SUARES en ces termes : « *ce n'est plus la recherche ni la peinture de l'objet qui nous sollicite ; mais l'évocation de sa forme et de toute la grâce qu'elle recèle.*[105] » Ainsi, pour mieux évoluer, précisons à ce niveau, qu'il s'agit pour Marion comme pour nous de voir la question de Dieu dans un nouvel horizon, et ce avec un autre paradigme qui a toujours existé mais qui a été oublié jusque-là comme ce fut le cas de « *l'oubli de l'être* » chez Heidegger.

---

[102] J.-L. MARION, *Dieu sans l'être*, Paris, Communo/Fayard, 1982, p.72.
[103] J. KONARSKI, « *Le Dieu Amour délié de la pensée de l'être Lectures de la phénoménologie de la donation chez Jean-Luc Marion* », Warszawskie Studia Teologiczne XXIII/2/2010, p.95.
[104] J.-L. MARION, « *Dieu sans l'être* », Paris, Communo/Fayard, 1982, p.28.
[105] A. SUARES, *Trois hommes, « Pascal, Issen, Dostoïevski »*, 1913, p.224.

Par ailleurs, après avoir fait une judicieuse remarque selon laquelle « *la philosophie ne se comprend qu'à la mesure où elle aime*[106]» et vu d'ailleurs qu'elle est étymologiquement « *amour de la sagesse* », Marion découvre avec beaucoup d'acuité qu'il urge de ramener dans le champ de la philosophie ce principe d'*Amour*, lequel a toujours été traité maladroitement. Donc en principe, c'est ce que Dieu est en lui-même qui devrait servir de balise pour le penser et non lui prêter des attributs, moyennant les preuves dites ontologiques. Et comme nous le rappelle le bien-aimé[107] du Seigneur, l'Amour a toujours été le principe qui dit Dieu.

Marion convertit alors son regard pour mieux discerner autrement la question. Dieu est essentiellement perçu par le principe de l'Amour et non par une démarche qui, au lieu d'éclairer la question l'obscurcie davantage : il s'agit tout simplement de l'oubli de l'Amour qui a été la raison aussi de la déviation de la maîtresse[108] que de sa servante[109], puisqu'on ne peut pas vouloir expliquer un principe amoureux et préférer sortir de ses propres cadres pour aller lui tailler un principe qui ne lui est pas adéquat. Au sujet donc de cette question, nous pourrons affirmer sans risque de nous égarer que la philosophie et la théologie se sont toutes deux fourvoyées et ce, parce qu'il y a scandale de l'oubli de ce qui constitue leur essence. C'est donc ici un atout favorable pour la philosophie de mieux se comprendre en partant de ce qu'elle est elle-même pour mieux approcher son regard de la question de Dieu. Ce que Dieu « est » (et à travers cet « *est* », entendez l'Amour) Il l'a *donné* lui-même. C'est le moment donc de revenir à Dieu qui n'est plus l'idole métaphysique ni *causa sui*, mais qui *est* ce qu'Il a toujours été : l'*Amour*. Il s'agit en effet, de faire renaître de ces cendres le concept de l'*Amour*, tout en ayant en arrière-plan ou comme toile de fond, le principe de la *donation*. Mais comment appréhender la quintessence de la pensée philosophique

[106] J.-L. MARION, *Le phénomène érotique*, Paris, Grasset, 2003, p.11.
[107] Nous faisons ici allusion à l'Apôtre Saint Jean dans sa première épitre : 1Jean 4, 16.
[108] Nous signifions ici par maîtresse la théologie comme le conçoivent les Moyenâgeux.
[109] Et ici, il s'agit de la philosophie comme celle qui est au service de la théologie.

du phénoménologue de la donation[110] sans d'abord faire obédience à l'un de ses maîtres à penser, le «*penseur du sens de l'être, l'innovateur d'un horizon nouveau pour la pensée*[111]?» Comment saisir ce dernier lui aussi sans d'abord remonter un peu plus haut au philosophe allemand, le penseur des « *phénomènes plats*[112] » ? Ainsi, avant l'ébauche de notre analyse à ce niveau, qu'il nous soit permis, de faire brièvement un état de lieux de la question, pour voir à la racine, sur quoi se fonde Marion pour arriver à l'autrement de Dieu et aux principes de la *donation* et de l'*Amour* comme fondements.

En effet, le concept de l'être dans la pensée husserlienne, comme l'expose Marion, est considéré comme un *étant donné*[113], lequel tombe sous le coup de la réduction et qui cherche à mettre en exergue sa donation. Husserl suggère qu'il faut penser l'être non pas comme un étant parmi tant d'autres, « *mais comme ce qui est donné. Il est donc pensé selon la donation.*»[114] La prééminence donc de la réduction sur l'ontologie implique inévitablement chez Husserl, la façon de penser l'être selon la *donation*, et ce dans un cadre qui ne soit plus métaphysique mais purement *a-métaphysique* ou phénoménologique. Cet avis husserlien que partage Marion, n'est pourtant pas exempt de limites, lesquelles le feront d'ailleurs prendre de distance.

Alors, en union étroite de pensée avec Jacques DERRIBA dans *La voix et le phénomène*[115], Marion analyse les *Recherches logiques* de Husserl et trouve qu'elles n'aboutissent qu'à une sorte de « métaphysique de la présence »

---

[110] Entendez Jean-Luc MARION.

[111] R. TECHOU, *Phénoménologie du transcendant, Essai sur l'analytique de la finitude humaine,* Cotonou, Flamboyant & communications, 2018, p.14. Il désigne par-là le philosophe allemand Martin Heidegger.

[112] Cf. J.-L. MARION, *Réduction et donation. op. cit.*, p.90. Marion parle ici de Husserl. Ces phénomènes husserliens sont dits *plats* par Marion parce qu'ils sont dépourvus de tout ce qui pourrait échapper à l'intentionnalité du sujet cherchant à atteindre la certitude. Un point de vue que Marion ne partage guère.

[113] J.-L. MARION, *Étant donné. Essai d'une phénoménologie de la donation,* coll. « Epiméthée », Paris : PUF, 1997, 47. Éd. Polonaise : Będąc danym. Esej z fenomenologii donacji, tr. W. Starzy ński, coll. « Klasyka filozofii », Warszawa : IFiS PAN, 2007.

[114] J. KONARSKI, « *Le Dieu Amour délié de la pensée de l'être Lectures de la phénoménologie de la donation chez Jean-Luc Marion* », Warszawskie Studia Teologiczne XXIII/2/2010, p.84.

[115] J. DERRIDA, *La voix et le phénomène*, Paris : PUF, 19874, notamment les pages 27 et 57.

camouflée. Il y a alors chez le maître toute une confusion dans l'emploi des termes comme : « *être* », « *étant* » et « *objet* ». Voyons dans *Réduction et Donation,* ce qu'en dit Marion à travers cette large et explicite élucidation :

> « *Tout se passe comme si Husserl, fasciné par sa découverte sans cesse confirmée de la puissance opératoire de la réduction dans les champs objectaux toujours plus divers et plus riches, cédait à une ivresse des constitutions, d'autant plus programmatiques que prometteuses, et, prisonnier de ce charme, restait aveugle à la destination ultime de la phénoménologie. D'où le stupéfiant paradoxe de Husserl : il a découvert un mode de pensée qui révolutionne absolument la métaphysique, sans en comprendre pourtant la portée dernière (...) Bref, Husserl ne retourne pas aux choses mêmes, (...)* »[116]

Nous voyons ici que la lecture que fait Marion de la phénoménologie de Husserl ne consiste pas tant à critiquer sa pensée qu'à aller au bout de ce que cet auteur avait envisagé et de rendre beaucoup plus manifeste ce qu'il s'est permis d'omettre dans sa façon de concevoir la phénoménologie : « *On peut en effet être déconstructionniste et husserlien* » disait-il. *« Il n'y a même aucune nécessité à dire rompre avec Husserl (...) En critiquant la critique derridienne des Recherches logiques de Husserl, j'ai seulement retrouvé chez Husserl un concept fondamental, qui méritait d'être mis au fondement plus qu'auparavant – à savoir la Gegebenheit.*[117] » C'est dans ce sens précis donc que se déroule toute la recherche de Marion. Il postule pour un exerce de la réduction phénoménologique, mais d'une façon beaucoup plus radicale que celle proposée par ses prédécesseurs à savoir Husserl et Heidegger qui, pour Jean GREISCH : « *connaissent la donation sans la reconnaître en droit comme telle.*[118] » Le souci donc de Marion est de « *pousser la réduction encore plus loin, jusqu'à ce qu'elle manifeste, au-delà des étants et au-delà de l'être, la donation elle-même par laquelle les*

---

[116] J.-L. MARION, *Réduction et donation. Recherches sur Husserl, Heidegger et la phénoménologie,* coll. « Epiméthée », Paris : PUF, 1989, p.213.

[117] M. LOSONCZ in art. « *Donation, tradition et interprétation* ». *Entretien avec Jean-Luc Marion* FILOZOFIJA I DRUŠTVO XXVII (4), 2016, UDK : 14 DOI : 10.2298/FID1604793L Izlaganje na međunarodnoj konferenciji, Received: 6.6.2016 — Accepted: 20.9.2016.

[118] J. GREISCH, « *Index sui et non dati* : les paradoxes d'une phénoménologie de la donation », Transversalités, 1999, n° 70, p.59.

phénomènes se donnent.[119] » Qu'en est-il alors de sa position par rapport au philosophe de « *l'oubli de l'être*[120] » ?

A ce niveau, nous serons beaucoup plus bref. Sinon que sans transition, avec Heidegger, Marion ne manque pas de prendre position. L'analyse que nous ferons ici sera affectée de la vision konarskienne de la question en ce sens que Marion aurait certainement raison de se démarquer de Heidegger même si quelque part, « *il y a des affinités plus que troublantes entre le Dasein de Heidegger penseur de l'Ereignis et l'adonné de Marion.*[121]» Partant, Marion ne conçoit pas que le déplacement de la question de l'être vers l'analytique phénoménologique du *Dasein* puisse provoquer la disparition de la question de Dieu. Alors, si les investigations de la métaphysique sur l'être ne conduisent qu'à la question de Dieu, l'analytique phénoménologique du *Dasein* de Heidegger ne fait au contraire, que disparaître cette même question du champ de la philosophie, ce qui rejoint l'analyse critique janicaudienne[122] en ce sens que « l'authenticité de la démarche philosophique, notamment phénoménologique, se vérifie par l'exclusion de toute possibilité de faire ne serait-ce qu'une allusion à l'idée de Dieu. Il n'y aurait alors de vraie phénoménologie qu'en dehors du champ de réflexion sur Dieu »[123]

D'après tout ce qui vient d'être dit, nous paraissons convaincus d'une manière ou d'une autre mais restons toujours insatiables, car nous ne pensons pas souscrire d'emblée à l'avis janicaudien ou soutenir mordicus que la *donation* de Marion puisse déjà mieux nous montrer Dieu. Car la question est beaucoup plus complexe

---

[119] J. KONARSKI, « *Le Dieu Amour délié de la pensée de l'être Lectures de la phénoménologie de la donation chez Jean-Luc Marion* », Warszawskie Studia Teologiczne XXIII/2/2010, p.94.

[120] M. Heidegger, *Etre et Temps,* Paris, Gallimard, 1964. p.17.

[121] J. GREISCH, « *Index sui et non dati* : les paradoxes d'une phénoménologie de la donation », Transversalités, 1999, n° 70, p.51.

[122] D. JANICAUD, *La phénoménologie éclatée*, coll. « Tiré à part », Paris : Éd. de l'Éclat 1998, p.26. Sa critique dénonce « *les déplacements ou même les dérives méthodologiques au profit d'une Transcendance, d'une archi-origine ou d'une donation, qui n'ont plus de phénoménologiques que le nom* ».

[123] J. KONARSKI, « *Le Dieu Amour délié de la pensée de l'être Lectures de la phénoménologie de la donation chez Jean-Luc Marion* », Warszawskie Studia Teologiczne XXIII/2/2010, p.88.

qu'on ne la conçoive : « *Il n'est ni facile ni évident de connaître Dieu. Nous ne savons pas grand-chose de Dieu, et, à son sujet, nous ne faisons guère que balbutier.*[124]» C'est pourquoi nous pensons plutôt pour notre part trouver la meilleure réponse ailleurs, ce qui nous conduira sans doute chez les philosophes de l'Altérité que nous essayerons de mettre en débat avec notre auteur. A l'issue de cette analyse, nous verrons réellement si les fruits de la réflexion de notre maître à penser est vraiment à la hauteur d'une révolution copernicienne ou d'une vision architectonique.

2-4- De l'Altérité divine au principe

Comment évoquer la question de l'Altérité divine sans convoquer les philosophes Martin Buber et Emmanuel Levinas ? Commençons brièvement par une anthologie. Pour Buber en effet, il est vrai que « *Dieu est le mysterium trementum dont l'apparition nous terrasse ; mais il est le mystère d'évidence qui m'est plus proche que mon moi.*[125] » Quant à Levinas, « *la transcendance de Dieu, c'est son effacement même, mais qui nous oblige à l'égard des autres hommes.*[126] » Alors « *j'ai l'ordre de répondre de la vie de l'autre, je n'ai pas le droit de le laisser seul à sa mort.*[127] » Pour Heidegger lui, l'altérité est constitutive de l'ipséité et je ne suis pas moi sans qu'il y ait les autres : « *Dasein, c'est moi! Mais pas moi seul.*[128]»

Déjà avec ces florilèges qui tiennent lieu de prélude ou de prolégomènes à notre analyse, surgit en nous une interrogation non négligeable : une pensée philosophique, essentiellement axée sur la question de l'ontologie sans aucune considération de l'altérité de l'autre n'est-elle pas peut-être contradictoire voire absurde ? Voilà ce dont fait écho Emmanuel Levinas quand il écrit : « *Dieu, c'est*

[124] D. MORIN, *Pour dire Dieu*, Cerf, Paris, 1989, p.18.
[125] Martin Buber, *Je et Tu*, Paris, Aubier-Montaigne, 1959, 60.
[126] E. Levinas, *L'au-delà du verset*, Paris, Minuit, 1982, p.125.
[127] E. Levinas, *Altérité et Transcendance*, Fata Morgana, 1995, p.113.
[128] Cf. M. Heidegger, *Être et Temps, Op. cit.*, § 9.

l'Autre »[129] et « *l'Autre est Autrui.*[130] » Il en découle finalement qu'*« en tant que transcendant, l'Infini est absolument Autre »*[131] *;* Il *« est l'altérité inassimilable.*[132]*»* Toute la philosophique de Levinas se résume donc à penser un « Dieu non contaminé par l'être », un Dieu qui n'est aucunement réductible aux schèmes de la réflexion humaine, un Dieu libéré des catégories aprioristiques dans lesquelles il a toujours été pensé.

De cette cogitation sur la question de Dieu, nous remarquons (et cela va sans dire) que Marion rejoint d'une manière ou d'une autre Levinas, précisément dans son projet de penser Dieu autrement, et ce, « *hors la différence ontologique, hors la question de l'être* » ; car « *ne peut servir de support -intelligible- qu'un concept qui admette de se laisser mesurer à la démesure de l'invisible qui entre en visibilité par la profondeur infinie, donc qui lui-même dise ou promette de dire cette profondeur infinie, où le visible et l'invisible se familiarisent*[133] ». Pour Levinas donc, si Dieu est abordé via le terme de l'altérité, c'est essentiellement pour le penser en dehors de toute apologie du concept de l'être. Le Dieu des philosophes, d'Aristote à Leibniz et celui des scholastiques est un Dieu que fait advenir la pensée, un Dieu dont les concepts « *relèvent strictement de la métaphysique, selon la seule exigence de l'onto-théo-logie*[134] ».

Partant, avec notre adhésion à cet avis de Levinas sur la question de Dieu et de notre propre dissection, résulte que c'est dans l'altérité de l'autre qui m'apparaît comme une donation que Dieu *se donne* au sujet connaissant. C'est encore une raison de plus pour nous de comprendre avec Levinas que, penser Dieu au-delà de l'être revient à laisser l'autre à se rependre hors du même et d'éviter au maximum de réduire l'autre à un objet. Dieu me somme à la responsabilité et c'est

[129] E. Levinas, *Totalité et infini, essai sur l'extériorité*, Paris, Le livre de poche, 1990, 186. (50).
[130] *Idem*. p.229.
[131] *Idem*, p.20.
[132] E. Levinas, *En découvrant l'existence avec Husserl et Heidegger*, Paris, Vrin, 1967, 214.
[133] J.-L. MARION, *Dieu sans l'être*, Paris, Communo/Fayard, 1982, pp.35-36.
[134]*Idem*, p.97.

cela la signification profonde de sa trace et de son visage. Même si Dieu est Autre qu'autrui, Il ne se révèle pas sans lui : la trace comme trace de Dieu est absence là où le visage d'autrui est présence. Pour Levinas alors, l'altérité de Dieu ne peut se passer de l'altérité d'autrui, non pas par confusion des genres uniques et spécifiques, mais par nécessité éthique : c'est la « *crainte de Dieu qui concrètement se manifeste comme crainte pour l'autre homme*[135].»

Cependant, si nous avions pris la peine de repérer avec intérêt les points d'accointance, il serait aussi très souhaitable de fleurer les points de divergence sur lesquelles se repoussent dos à dos Levinas et Marion. Ainsi, Levinas, dans son approche de la question de Dieu, tient un avis qui ne se recoupe pas nécessairement avec celui de Marion. Voici ce qu'il dit : « *Le visage n'y fonctionne pas comme signe d'un Dieu caché que m'imposerait le prochain* » puisqu' « *autrui n'est pas l'incarnation de Dieu.*[136] » Il est vrai que pour Marion aussi, « *dans le visage d'autrui, nous visons justement le point où tout spectacle visible s'avère impossible, où il n'y a rien à voir, où l'intuition ne peut rien donner de visible.*[137] », mais la nuance pour lui est que, pour regarder le visage d'autrui, suggère-t-il, il faut s'abstenir de diriger vers lui la visée intentionnelle ; et pour le phénoménaliser, il faut s'interdire de le regarder comme on regarde un simple objet, si tant est qu'on prétend y voir le visage du Tout Autre. Nous comprenons alors avec Levinas que l'altérité est absolue et est toujours au-delà de ce que nous pouvons penser connaître d'elle. De notre avis donc sur la question, nous osons alléguer que c'est ceci même qui remet en cause tout le brassage de pensées fait jusque-là entre Marion et Levinas. Bref, pendant que Levinas pense qu'autrui n'est pas *l'incarnation de Dieu,* Marion dira pour sa part que tout ce qui apparaît, *apparaît sans aucun droit* et tout simplement comme une donation, sinon « *se*

[135] E. LEVINAS, *Au-delà du verset,* Paris, Minuit, 1982, p.119.
[136] *Idem*, 51.
[137] J.-L. MARION, *De surcroît. Études sur les phénomènes saturés*, Paris : PUF, 2001, p.136.

donner, qu'est-ce, sinon aimer[138] ? » A ce niveau où le débat semble houleux, au lieu de préciser notre avis, nous pensons plutôt laisser évoluer la réflexion.

Par ailleurs, l'analyse ci-dessus, enchaînée sans transition avec la verve philosophique de Martin BUBER, nous fait remarquer que celui qui entre dans une relation absolument authentique n'a plus d'intérêt à rien d'isoler, ni aux choses, ni aux êtres, ni au ciel, ni à la terre car tout est inclus dans cette relation. De ses propres plumes, voyons comment il l'exprime :

> « *Entrer dans la relation pure, ce n'est pas faire abstraction de toute chose, c'est voir toute chose dans le « Tu » ; ce n'est pas renoncer au monde, c'est placer le monde sur ses fondements. Certes, Dieu est le « Tout Autre » mais, il est aussi le « Tout Même », le Tout Présent ». Il est le mysterium trementum dont l'apparition nous terrasse ; mais il est le mystère d'évidence qui m'est plus proche que mon moi.* »[139]

Avec Buber, il n'est point question d'un quelconque *platonisme* ou d'une rupture avec le sensible. Toute sa pensée est d'ailleurs aux antipodes de toute évasion du monde. La matrice même de sa réflexion repose sur l'idée d'après laquelle l'absolu est à concevoir dans ce monde et non au-delà, car le monde pour lui n'est pas double mais unique : « *Il n'y a pas de monde apparent, il n'y a que le monde ; sans doute, il nous apparaît double parce que notre attitude est double. Il nous faut rompre avec le chat mauvais qui nous isole* ».[140] De cette assertion bubérienne au sujet de la question de Dieu, il nous faut saisir que Dieu n'est pas une chose mais plutôt le nom attribué à une certaine expérience phénoménologique du monde.

Voulant ainsi découdre avec la pensée métaphysique et ses corolaires, Buber, de concert avec Jean-Luc Marion voit que le Divin n'est pas la résultante d'un voyage au piédestal ou dans des méandres à conditions éthérées. Dieu est au cœur même de ce voyage et dans le nouveau regard que l'homme jette sur le monde. IL

---

[138] J.-L. MARION, *Dieu sans l'être*, Paris, Communo/Fayard, 1982, p.75.
[139] Martin Buber, *Je et Tu*, Paris, Aubier-Montaigne, 1959, p.60.
[140] *Idem*,

est donc présent « *dans le chemin de sa propre vie, il n'y a pas à quitter sa vie qu'à quitter le monde pour accéder à l'absolu.*[141] » Ce ne sont pas alors nos sentiments qui rendent compte de cette expérience de l'Absolu, mais ils « *ne servent que d'accompagnement au fait métaphysique et métapsychologique de la relation, lequel ne se passe pas dans l'âme individuelle mais dans la réciprocité du Je et du Tu.* »[142] Faire donc l'expérience de Dieu pour mieux en parler n'est possible pour Buber que dans la relation absolue qui est un acte et non un état d'âme. Telle est « *l'essence éternelle de ce phénomène de la présence dans le temps et de l'espace que nous appelons la Révélation*[143] » où « *une fois passé l'instant de la rencontre suprême, l'homme n'en sort pas tel qu'il y était entré.* » parce qu'il aurait certainement reçu par amour dans cette rencontre, le *Don* en personne. Comprenons alors avec Buber qu'« *au commencement est la relation* »[144] et que « toute vie véritable n'est que rencontre[145] », laquelle consiste à « *prendre intimement connaissance de l'autre.*[146] » Voilà de quelle manière, sans évader du monde, Buber pense approcher Dieu pour mieux en parler pendant que Marion préconise pour sa part la *donation* par principe de *l'amour*. Si à ce niveau, Buber et Marion ne se contredisent pas, ils ne se rejoignent pas non plus totalement quoique l'objectif visé soit le même. Ce sont leurs perspectives qui divergent.

Alors avec l'Altérité, nous venons de montrer comment Marion met son principe d'Amour en débat avec Levinas et avec le couple « Je -Tu » de Buber. Mais précisons en effet que l'avantage pour le penseur de la *donation* est de montrer que ce Dieu qui permet d'être Altérité est en réalité lui-même un autre : c'est l'*Alter ego* qui se révèle comme autrui. La métaphysique l'a toujours conçu jusque-là comme l'Absolu ou le Transcendant, mais par son immanence et son

---

[141] *Idem*, p.118.
[142] *Idem*, p.51.
[143] *Idem*, p.158.
[144] *Idem*, p.18.
[145] *Idem*, p.30.
[146] M. BUBER, *Dialogue*, p.109.

Incarnation précisément, Il s'est montré autrement comme *Amour*, ce qu'essaye de nous préciser Jean-Luc Marion : « *ô theos agapè estin.*[147]» Aussi comme nous le martèle l'Apôtre Saint Jean, « *celui qui n'aime pas son frère qu'il voit, est incapable d'aimer Dieu qu'il ne voit pas*[148] » puisque « *Dieu,* poursuit Georges ADEYE, *est présent et se cache dans le prochain.*[149]»

De tout ce qui précède, la petite nuance qu'il faille ressortir de la pensée des philosophes de l'Altérité et celle de Marion est que pour les premiers, Dieu ne se fait présent que dans l'altérité de l'autre. Mais pour le dernier, Marion bien sûr, si Dieu se révèle d'une manière autre que celle que la métaphysique a toujours enseignée, ce n'est que par la voie de la *donation* et par principe de l'*Amour*. La dernière remarque que nous ferons et qui n'a peut-être pas la prétention d'être judicieuse est que avec les penseurs de l'Altérité et Marion, la question de Dieu a connu un progrès qui laisse entrevoir Dieu non plus comme « *causa sui avec Descartes, Spinoza et à la fin toute la métaphysique*[150]» mais dorénavant comme une entité qui va au-delà de l'être. Roland TECHOU, dans *Phénoménologie et Théologie. La méthode Jean-Luc Marion,* l'exprime clairement en ces termes : *« Penser Dieu autrement, c'est penser le divin à partir de son Altérité. Cet Autre de Dieu est ce que Jean-Luc Marion et beaucoup d'autres penseurs contemporains identifient comme Amour, le propre de toute religiosité.*[151]» Il nous paraît alors nécessaire de faire remarquer également que Marion a fait un dépassement subtil au sujet de la question de Dieu et de l'idée de l'Altérité quand il soupèse les visions de Buber et de Levinas, faisant ainsi une conversion de regard pour présenter la question avec la possibilité d'un nouvel horizon et faire percevoir ce que la chose *est* et a toujours été à partir d'elle-même. Le tour est donc fait et, loin de recouvrer toute suite satisfaction avec les philosophes de

---

[147] J.-L. MARION, *Dieu sans l'être*, Paris, Communo/Fayard, 1982, p.111.
[148] 1 Jn 4, 19.
[149] G. ADEYE, *Dieu est vivant*, p.106.
[150] J.-L. MARION, *Dieu sans l'être*, Paris, Communo/Fayard, 1982, p.97.
[151] R. TECHOU, « *Phénoménologie et Théologie » La méthode Jean-Luc Marion*, Croix du Salut, p.4.

l'altérité, nous n'avons qu'à retourner au phénoménologue de la *donation* qui pose le problème dans toute son originalité.

CHAPITRE III

Du « *Je suis qui je suis* ou *celui qui est* »[152] à « *Dieu est Amour* »[153]

Considérant le concept de l'être comme le primat de sa réflexion, la métaphysique, dans ses approches sur la question de Dieu, a fait l'impasse sur l'essentiel, parce qu'elle a manqué d'évoluer avec les mutations paradigmatiques qu'implique cette thématique. L'essentiel donc de ce chapitre nous fera toucher du doigt combien Dieu est univoque et comment son épiphanie n'a jamais été autre, mais que sa Révélation, c'est son devenir être.

3-1- L'univocité de Dieu : problème de la différence ontologique

Jean-Luc Marion, dans son approche phénoménologique de la question du Divin, entend penser Dieu *hors la différence ontologique* car pour lui, il n'y a pas une authentique possibilité de penser Dieu que dans la seule mesure où on Le pense à partir de Lui-même. Ceci, pour être plus explicite, voudra dire qu'on ne pourra pas vraiment penser Dieu qu'en « *fonction de sa Parole, dont les écrits sacrés sont la trace irrécusable, et les textes des mystiques eux-mêmes des échos authentiques, où l'amour est témoin.*[154] » Voici comment Marion lui-même s'y prend :

> « *Dieu ne peut se donner à penser sans idolâtrie qu'à partir de lui seul : se donner à penser comme amour, donc comme don, se donner à penser comme une pensée du don. Au mieux, comme un don pour la pensée, comme un don qui se donne à penser. Mais un don, qui se donne à jamais, ne peut se penser que par une pensée qui se donne au don à penser. Une pensée qui se donne peut seule s'ordonner à un don pour la pensée. Mais, pour la pensée, se donner, qu'est-ce, sinon aimer?*[155] »

---

[152] Exode 3, 14.
[153] 1 Jean, 4, 8.
[154] J.- D. ROBERT, *Autour de Dieu sans l'être de Jean-Luc Marion*, paru dans Laval théologique et philosophique, Volume 39, numéro 3, octobre 1983.
[155] J.- L. MARION, *Dieu sans l'être*, Paris, Communo/Fayard, 1982, p.75.

Il ne s'agit pas là d'un jeu de mots, encore moins d'une glossolalie, mais d'une lutte intérieure dont l'écriture expose les effets. Alors, si « *l'Etre Infini se donne à moi*[156]...», ce n'est que par pur principe de *donation* et d'*amour*. S'avère donc nécessaire un détour par la pensée, lequel fait *vade retro* de tout « *cliquetis verbal* » et demande pour un *aggiornamento* du mystère de la *Révélation* et de l'*Incarnation*. C'est ici qu'il nous faut peut-être préciser aux antipodes de la pensée d'Emmanuel FALQUE, qu'il ne saurait exister entre l'homme et Dieu une différence ontologique car Dieu échappe à toute équivocité. Le *Dasein* heideggérien trouve alors ici sa raison d'être en ce sens qu'il constitue le rond-point de toute ouverture sur la question de Dieu :

> « ... *si nous désirons un Dieu que nous puissions considérer comme un être pleinement vivant, personnel, alors il nous faut aussi considérer Dieu de façon humaine, admettre que sa vie a la plus grande analogie avec la vie humaine, et qu'il y a en Dieu à côté de l'être éternel, un devenir éternel, en un mot qu'il a tout en commun avec l'homme excepté la dépendance*[157] »

Cette vision heideggérienne qui se laisse comprendre aisément nous donne la possibilité d'affirmer que même si Dieu se révèle, Il ne sort pas de son *Être* et ne se reçoit pas non plus d'ailleurs. C'est pourquoi le nouveau regard qu'il faille désormais porter sur la question de la *Révélation* de Dieu ou sur la phénoménalité du divin doit s'exclure de tout apriorisme. C'est le moment pour nous donc de récuser toute conception cartésienne selon laquelle l'homme ne se reçoit que d'ailleurs. Sinon, si la chose est telle que la conçoive Descartes, il va alors sans dire que Dieu lui-même se reçoit certainement de quelque part, ce qui est vraiment absurde. Partant, l'être de l'ego cartésien recèle un véritable paradoxe, une équivocité qu'il faille lever, car pour lui, le *Je* reste et demeure une instance non objectale, lequel fixe malheureusement les conditions de la connaissance des

---

[156] R. SCHWEITZER, *Dieu dans ma vie*, Saint-Paul VI, Paris, 1970, p.126.

[157] M. HEIDEGGER, *Les conférences de Stuttgart*, SW VII, Traduit de l'allemand par Jean-François Courtine et E. Martineau dans *Schelling œuvres métaphysiques* (1805-1821), Paris, Gallimard, 1980, p.213.

objets. De là, le *Je* que je suis « *ne coïncide pas avec le moi que je connais et je ne connais pas le Je que je suis.*[158] »

Par ailleurs, le fameux passage du livre de la Genèse « *'èhyah 'asher 'èhyah* » (*Je suis celui qui est*[159]), « *entendu à la lettre*[160]», nous dispose à comprendre et à récuser avec Etienne GILSON qu'il ne s'agit là que de « *la seule formule qui ne dit absolument rien*[161]» lorsqu'on s'en tient, bien entendu, à l'herméneutique qu'en fait l'*ontologie traditionnelle* ou quand on considère « *l'écart* qui existe *entre le texte biblique et « la métaphysique de l'Exode.*[162]» Pour faire plus clair, précisons avec l'auteur de *Dieu sans l'être* que « *la dénomination principielle de Dieu comme et par l'Etre ne peut(...)se justifier par recours pur et simple au verset d'Exode 3,14.*[163]» Mais ce même verset, toujours dans la perspective de Gilson « *dit absolument tout* » de Dieu dans la seule mesure où « *ô theos agapè estin*[164]» ou tout simplement « *Dieu est Amour* ». Voilà selon Jean-Luc Marion un nouveau concept, lequel « *serait habilité à devenir le fundamentum inconcussum*[165]» d'une « *phénoménologie sans l'être » fondée sur l'idée de donation et jugée plus originelle que celle de l'être.*[166]» Dieu, en toute connaissance de cause, n'est point équivoque et ne peut jamais l'être. C'est avec beaucoup de regret alors que nous constatons dans *Summa theologia* qu'« *il est impossible de prédiquer quoi que ce soit de manière univoque de Dieu...*[167]» Comment Dieu se donne-t-il alors si ce n'est dans le mystère de l'Eucharistie ?

[158] J.-L. MARION, De surcroît. Études sur les phénomènes saturés, Paris : PUF, 2001, p.13.
[159] Ex 3,14.
[160] J.-L. MARION, *Dieu sans l'être*, Paris, Communo/Fayard, 1982, p.110.
[161] E. GILSON, *L'athéisme difficile*, Paris, 1979, p.59.
[162] J.-L. MARION, *Dieu sans l'être*, Paris, Communo/Fayard, 1982, p.109.
[163] *Idem*, p.109.
[164] *Idem*, p.111.
[165] Cf. J. GRONDIN, *La tension de la donation ultime et de la pensée herméneutique de l'application chez Jean-Luc Marion*, paru dans *Dialogue* 38 (1999), 547-559).
[166] J. GRONDIN, *Pourquoi réveiller la question de l'être ?* paru dans J.-F. Mattéi (Dir.), *L'énigme de l'être chez Heidegger*, Paris, PUF, collection « Débats », 2004.
[167] Thomas d'Aquin, *Somme théologique*, I^{e} pars, question 13, art. 5.

3-2- De l'adoration au site eucharistique du divin

« *Dieu est vivant, et il a besoin d'hommes qui vivent pour lui et qui le portent aux autres*[168]» disait Benoit XVI. Mais comment vivre de Dieu et comment en être un véritable théophore sans d'abord l'avoir connu au sens phénoménal et « *empiriquement radical*[169] » du terme ? Notre herméneutique à ce niveau, nous fera sans doute pencher un peu sur la chose spirituelle ou liturgique. Mais avant, si Dieu à travers les écrits vétéro-testamentaires, ne se montrait que de façon circonspecte, caché au ceux de son mystère, il est important de notifier d'ores et déjà que dans l'histoire néo-testamentaire, Il a déjà montré sa vraie FACE à toute l'humanité, moyennant le phénomène saturé par excellence, celui de l'*Incarnation* du *Verba* historique dont « *la mission reçue du Père a été de révéler le mystère de l'amour dans sa plénitude.*[170] »

Cet archi-phénomène qui bouleverse désormais toute conception figée de la thématique de Dieu est comme un déplacement de sens et c'est sans doute ce qu'il fallait préconiser dans toute approche de la question de Dieu. De Pascal en effet, nous retenons que « *seul Dieu parle bien de Dieu*[171] », mais il y a un langage qui dit mieux Dieu, et ce langage, c'est l'expérience contemplative que nous faisons de la phénoménalité de son apparaître. Sinon que « *souvent, les mots portent avec eux l'illusion de la transparence, comme s'ils nous permettaient de tout comprendre, de tout maîtriser, de tout ordonner* » fustige Robert cardinal SARAH. *« Mais notre langage humain abaisse à un piète niveau tout ce qu'il tente de dire sur Dieu. Les mots déflorent ce qui les dépasse… »* et c'est pour cela que *« seul le silence conduit les hommes au-delà des mots, jusqu'au mystère… »* qu'est Dieu. Ainsi, une réappropriation du concept du *silence* qu'emploie ici SARAH est à notre sens cette attitude philosophique qu'il faille à tout prix forger

---

[168] Benoit XVI, *Lettre aux séminaristes du monde entier*, Vatican 18 Octobre 2018.
[169] J.-L. MARION, VE, p.86-87.
[170] Pape François, « *Misericordiae vultus* », *Bulle d'indiction du jubilé extraordinaire de la Miséricorde*, Saint Augustin Afrique, Lomé, 2015, n°8.
[171] B. Pascal, *Pensées*, Br. §799, L. §303., cité par Marion en note de bas de page dans *Dieu sans l'être*, p.197.

chez tout sujet connaissant, laquelle le prédispose à faire place au *don* qui se donne et à lui accorder une valeur sans pareille car « *l'importance d'un phénomène est proportionnelle à la valeur que nous lui accordons.*[172] » Et faut-il ajouter, c'est « *Dieu qui s'avance toujours de toute éternité vers moi.*[173] » Nous nous retrouvons ici de plain-pied avec Marion pour qui, « *Louer Dieu reviendrait à le connaitre comme tel, sans rien dire sur lui donc exactement à le confesser comme tel.*[174] » Cette belle analyse qu'il fait des *Confessions* de Saint Augustin, est celle à laquelle souscrit Roland TECHOU quand il dit qu': « *A Dieu et à sa grandeur, on ne peut accéder que par voie de louange* (car) *louer Dieu, c'est outrepasser toute parole pour accéder à sa présence, se tenir là face à Lui sans qu'aucune parole ne soit en mesure de dire sa grandeur*[175]. » Voilà encore une nouveauté, qui d'ailleurs fait que le *don*, en surgissant, est obligé de se donner dans tout son état avec toutes ses déterminations et sans circonspection.

C'est justement ce qui s'opère dans le phénomène mystérieux de l'Eucharistie « *origine de tout amour*[176]», où l'invisible évidence de la *transsubstantiation* se fait effective dans les espèces phénoménales de l'hostie et du vin qui, devenant spirituellement des substances qui cessent d'être elles-mêmes, prennent une autre dimension somatique : c'est le *leibhaft*, le « *Verbe en chair et en os.*[177]» Un tel phénomène fait appel à une mutation paradigmatique qui déconstruit toutes les approches qui l'auraient précédé même si entre temps, ce sont elles qui lui auraient donné de la matière à cogiter. L'Eucharistie comme don de la présence, transgresse tous les dits théologiques et s'offre à présent comme le paroxysme du Dit de Dieu qui, même en « l'entendant parler leurs mots, les hommes n'arrivent pas toujours par leur entendement à saisir ce que disent

[172] S. TZITZIS, *Introduction à la philosophie du droit*, DYNA'SUPDROIT (Col), Vuibert, Paris, 2011, p.5.
[173] J.-L., MARION, *Au lieu de soi, L'approche de Saint Augustin*, Epiméthée, Puf, 2008, p.31.
[174] *Idem*, p.40.
[175] R. TECHOU, *Penser et croire avec Jean-Luc MARION. Pour le tournant phénoménologique de la théologie*, Edilivre, p.112.
[176] *Idem*, 116.
[177] J.-L. MARION, *Dieu sans l'être*, Paris, Communo/Fayard, 1982, p.199.

pourtant clair comme le jour les paroles dites[178]» par le Dit céleste. Certes, Dieu fut véritablement inconnaissable et indicible, mais de par son *Verbe en chair et en os* ou son indubitable icône, Il s'expose à toute l'humanité où Il prend corps. C'est pourquoi, « *incarné dans nos verba, le Verbe y acquiert une nouvelle indicibilité pour ainsi dire antérieur aux verba, qu'il dit et qu'il laisse le dire*[179] » même si le disant, les dits humains ne Le diront jamais assez. Encore une fois, précisons que la transsubstantiation qui métamorphose une « *substance en une autre (celle du pain en celle du corps du Christ) conduit à reconnaître les traits d'une personne sous les apparences (espèces) d'une substance*[180] », espace propice qui s'offre au théologien comme lieu convenable à toute herméneutique. Qu'en est-il alors de la *Révélation* ?

3-3- Du phénomène saturé au phénomène saturé par excellence

Autour de la question de Dieu, s'agite sans cesse toute une pléthore d'idéologies qui approchent peu ou prou ce que la chose est réellement. D'aucuns l'expriment approximativement tandis que d'autres en galvaudent malheureusement le sens. Même parfois, poursuit Marion, « *à entendre certains parler de Dieu, on a l'impression d'entendre des sourds commenter une partition de Beethoven, des buveurs de Coca-Cola disputer des vertus d'un pommard*[181]» et « *...chacun juge savoir ce qui concerne Dieu non de Dieu-même, mais de soi seul*[182] ». Alors, la question de la Révélation de Dieu, qu'est-ce que c'est réellement ?

Répondons qu'il s'agit essentiellement d'un phénomène saturé et saturé par excellence. Les disciplines sacrées qui étudient donc Dieu doivent pouvoir s'en instruire car la chose est à la fois universelle et transversale, laquelle investit tous

[178] *Idem*, p.199.
[179] *Idem*, 198.
[180] Idem, p.229.
[181] Cf. J.-L. MARION in *Marion : Dieu est incompréhensible*, Propos recueillis par Cathérine Golliau et François Gauvin, Publié le 12/07/2012 Le Point : L'homme est-il un animal religieux, même s'il se réclame de l'athéisme le plus radical ?
[182] ATHENAGORE d'Athènes, *Supplique*, VII, PG. 6, 904b.

les domaines de la vie au point qu'aucune réalité humaine n'y échappe. Alors qu'arrive le moment plus que jamais de s'offrir, Dieu *s'est donné* somatiquement au monde et n'a plus normalement besoin d'un interprète pour se dire. C'est pourquoi, même « *si l'on ne peut pas se dispenser d'en parler, cela ne donne pas* pour autant *le droit de dire du n'importe quoi.* » De là, il faut ajouter que nul ne peut prétendre mieux exprimer Dieu sans d'abord faire obédience à son icône : le *Logos* historique qui est la seule et l'unique icône qui dit Dieu[183], « *le vrai visage de la Miséricorde du Père.*[184]»

En effet, dans Luc 10, 21-24, qu'est-ce que Dieu a longtemps caché aux sages et aux anciens si ce n'est Lui-même ? Qu'est-ce que l'Omniscient et le Panoptique avait-il partiellement manifesté au vétéro-testamentaire, sinon que sa vraie phénoménalité ? Le tout se joue dans la *Révélation* par voie de l'*Incarnation*. Ce n'est pas dans les élucubrations fallacieuses, soporifiques voire harangueuses que Dieu se dit : « Autant le ciel est élevé au-dessus de la terre, autant les pensées et les chemins de Dieu sont au-dessus des nôtres[185]. » Ce ne sont pas nos discours apologétiques qui font voyager dans des méandres à conditions éthérées qui font advenir Dieu car le Dieu que fait advenir la pensée ne saurait guère sauver l'humanité. Les envolées qui mènent soi-disant à un Dieu qui se trouve au piédestal ne rendent pas mieux la chose mais aident ironiquement à s'en éloigner davantage et à se faire fourvoyer dans un dédale. Tout ceci nous dispose alors à se demander quel Dieu peut-il encore nous sauver ?

Cette question qui vient à point nommé trouvera sa réponse dans la phénoménologie *sine esse* de Marion où l'auteur approfondit lui-même son postulat de *donation* pour en arriver à un autre phénomène plus captivant, celui par lequel il montre que Dieu n'est pas statique et qu'Il n'est pas à comprendre

---

[183] Col 1, 15.

[184] Pape François, « *Misericordiae vultus* », *Bulle d'indiction du jubilé extraordinaire de la Miséricorde*, Saint Augustin Afrique, Lomé, 2015, n°1.

[185] Isaïe 55, 8-9.

non plus de façon figée. Donc au-delà de la *donation*, Dieu nous apparaît encore par un autre phénomène, lequel Marion appelle *phénomène saturé*. Mais, puisqu'il y a un certain nombre de phénomènes saturés, (L'*événement* qui sature la quantité, l'*idole* selon la qualité, la *chair* qui comble la relation et enfin l'*icône* pour la modalité[186]), Marion va en découvrir un autre type, celui par lequel Dieu se donne authentiquement. Il s'agit nommément de la *Révélation* qui, aux dits de Vinolo, sature à la fois la quantité, la qualité, la relation et la modalité, lequel nous tentons d'appeler alors le phénomène saturé par excellence.

Ainsi, pour faire bref, Jean-Luc Marion conçoit la Révélation comme un « *phénomène saturé* » par excellence, le seul qui soit à même d'articuler « le défaut des noms divins et l'entrée dans le Nom[187] » par excellence. Pour nous faire ainsi toucher du doigt la quintessence de la Révélation conçue d'abord comme lieu avéré où Dieu se donne et ensuite comme le παρα-δοξότατον (« *paradoxe au second degré*[188] ») ou encore comme phénomène au degré de saturation la plus élevée, lequel accomplit et « *englobe tous les types de paradoxes*[189] », Marion confond en elle[190] quatre grandeurs insoupçonnables dont l'*événement* qui nous donne le monde en sa « *quantité imprévisible* », l'*idole* qui nous offre le vu dans « *son intensité insupportable* », la chair qui me révèle à moi-même dans mon absoluité et enfin l'icône qui me présente autrui dans son « *altérité irregardable.* »[191] Ainsi, le phénomène saturé de la Révélation, comblé de la présence effective du *Logos* et affecté du sceau de Dieu, n'offre pas d'occasion à aucune tentative d'irruption de concepts qui lui soient étrangers. Il « se *dérobe ainsi à la constitution de l'objet que tente d'exercer sur lui la visée intentionnelle du sujet.* Et ce faisant, *tout en se laissant voir par le sujet, il ne permet absolument*

---

[186] Cf. S. VINOLO, *Dieu n'a que faire de l'être. Introduction à l'œuvre de Jean-Luc Marion*, dans son tableau de la typologie des phénomènes, Germina 2012.
[187] J.-L. MARION, *Etant donné. Essai d'une phénoménologie de la donation*, Quadrige, Paris, 2013, p.190.
[188] *Idem*, p.33.
[189] *Idem*, *op. cit.*, p.327.
[190] *Idem*,
[191] *Idem*, p.121.

pas que le sujet le re-garde,(…) Tout en étant visible, il reste irregardable, car irréductible à un objet ou à un concept.[192] » Voilà on ne peut plus long, comment le mystère de la Révélation s'offre génialement à nous comme un terrain vierge de l'épiphanie de Dieu, lequel attend impatiemment qu'on l'investisse.

[192] Cf. J.-L. MARION, *Étant donné, op. cit.*, p.299.

CONCLUSION GENERALE

Arrivé au terme de cette investigation philosophique qui nous a permis de visiter les vivifiants confins de la phénoménologie de la donation de Marion, il urge de conclure tout simplement que la chose vaut vraiment la peine d'être étudiée. Alors, de quoi s'agissait-il réellement ? Répondons qu'il est essentiellement question de penser Dieu autrement, c'est-à-dire Le penser aux antipodes de la question de l'être, *hors la différence ontologique*, hors la métaphysique traditionnelle. Et à la question donc de savoir comment s'y prendre, Marion recommande vivement qu'il faille opérer un détour par la pensée, effectuer une conversion de regard, lequel appelle nécessairement à une mutation paradigmatique. C'est d'ailleurs la raison pour laquelle, de l'*ontologie traditionnelle*, nous passons à une *phénoménologie de la donation*. Il faut alors adopter le « *Zu den sachen selbst* » husserlien qui fait que « le phénomène marionnien, une fois qu'il se donne, coupe court avec tout ce qui a contribué à son surgissement. En effet, pour le sujet qui l'accueille – et au moment où il l'accueille –, le phénomène n'a plus de cause puisque, lorsqu'il se trouve sur le point de se donner, loin d'être considéré comme donné par une instance extérieure, il est perçu comme se donnant tout simplement de lui-même[193]. »

L'approche donc de J.-L. Marion, tout en « se passant du consensus unanime[194] » sur la question de l'être traitant de Dieu, nous conduit à un renversement paradigmatique qui nous sort désormais de notre *sommeil dogmatique* et de l'opium de la métaphysique traditionnelle. Marion propose alors « *un mode de pensée dans lequel la clé permettant de saisir la réalité se trouve non plus dans l'être mais dans la donation[195]* ». Cette rupture épistémologique opérée par Marion et qui touche au système traditionnel de pensée peut être habillée du

---

[193] J. KONARSKI, *Le Dieu Amour délié de la pensée de l'être Lectures de la phénoménologie de la donation chez Jean-Luc Marion*, Warszawskie Studia Teologiczne XXIII/2/2010, p.102.

[194] K. JASPERS, *Introduction à la philosophie*, Plon, Saint-Armand Montrond (Cher) 2012. p.6.

[195] J. KONARSKI, *Le Dieu Amour délié de la pensée de l'être Lectures de la phénoménologie de la donation chez Jean-Luc Marion*, Warszawskie Studia Teologiczne XXIII/2/2010, p.126.

vocable « *changement II* » selon la reprise terminologique de X. Thévenot.[196] Cette approche marionnienne, pour faire bref, nous enseigne que pour penser Dieu d'une manière humble, noble et transparente, il faut à priori modifier la façon dont nous concevons notre rapport avec les phénomènes, car la « *relation homme-phénomènes ne saurait en effet se réduire à une simple somme de connaissances que le sujet peut acquérir sur les objets.*[197]» Mieux que conceptualiser l'être du divin, « *il faut penser à Dieu en l'aimant*[198] » conseille Jean-Yves LACOSTE. L'expression « *Dieu est* » pour Marion n'a alors de sens que dans la mesure où Dieu s'est révélé. « *Tout le monde comprend que l'existence de Dieu ne dépend pas de nos démonstrations, de nos désirs, de nos convictions ou bien de nos négations*[199] » De ce fait, « *nous n'avons pas à inventer un Dieu qui corresponde à nos idées à nous*[200]» mais à tenir compte de ce qu'il dit de lui-même, ce dont les écrits scripturaires sont les garde-seaux.

Par ailleurs, Saint Jean Damascène, ressassé par Thomas d'Aquin disait : « *Dire de Dieu ce qu'Il est nous est impossible.*[201] » Aussi faut-il ajouter que « *tout est dicible sur Dieu, sans qu'aucun mot ne tarisse sa source ni sa ressource : Dieu est l'espace de l'interprétation infinie.*[202] » Et avec St Augustin, la chose parait encore plus claire : « *Si comprehendis, non Dei.*[203] » (« *Que pouvons-nous donc dire de Dieu, mes frères? Si l'on comprend ce que l'on veut dire de lui, ce n'est pas lui ; ce n'est pas lui que l'on peut comprendre, c'est autre chose en place de lui* ») Tout ceci implique donc que toute discipline, sacrée soit-elle, si elle ne fait pas référence et allégeance à l'Apparaître dans la phénoménalité de sa pure *donation,* passera à coup sûr à côté de l'essentiel. Dieu est plus proche ; Il est dans

[196] X. THÉVENOT, *Compter sur Dieu. Études de théologie morale*, Paris : Cerf, 1993.
[197] J. KONARSKI, *Le Dieu Amour délié de la pensée de l'être Lectures de la phénoménologie de la donation chez Jean-Luc Marion*, Warszawskie Studia Teologiczne XXIII/2/2010, p.127.
[198] J.-Y. LACOSTE, *Penser à Dieu en l'aimant. Philosophie et théologie de J.-L. Marion*, in Archives de Philosophie, 50 (2) : 245-270.
[199] G. ADEYE, *Dieu est vivant*, p.174.
[200] *Idem*, p.166.
[201] Saint Thomas d'Aquin, *La Somme Théologique*, q1. a7, Paris, Cerf, 1984.
[202] Cf. *Certitude négatives. Entretien de Camille Tassel*, publié le 25/08/2010 in Le monde des religions.fr.
[203] Saint Augustin, *Sermon* 52, 16.

le mystère de la Révélation et de l'Eucharistie. C'est par-là qu'Il vient à nous de façon somatique.

Mais pour finir, ne nous faut-il pas peut-être pousser encore plus loin notre réflexion, pour voir la question dans un *novus ordo* ou dans un nouvel horizon, autre que celui que propose notre auteur ? Ramenant la chose dans son état sapientiel nous oblige encore à tourner le dos à la donation pour mieux *aller au large* car nous réalisons avec beaucoup d'intérêt que ni la *donation*, ni la *Révélation* n'évacuent pas totalement toute l'immensité de la question de Dieu.

Table des matières

REPERES BIBLIOGRAPHIE

1- OUVRAGES DE BASE

- ❖ MARION J.-L., *Dieu sans l'être*, Communo / Fayard, Paris, 1982.
- ❖ ...., *Réduction et Donation, Recherche sur Husserl, Heidegger et la phénoménologie*, Puf, Paris, 1989.
- ❖ ...., *La banalité de la saturation, Dieu et la raison. L'intelligence de la foi parmi les rationalités contemporaines*, dir. F. Bousquet et Ph. Capelle Bayard. Paris 2005.
- ❖ ...., *Le visible et le Révélé*, Cerf, Paris, 2005.
- ❖ ...., *La Rigueur des choses. Entretiens avec Dan ARBIB*, Flammarion, Paris, 2012.
- ❖ ...., *Le visible et l'Invisible*, Cerf, Paris, 2005.
- ❖ ...., *L'idole et la distance.* Cinq études, Paris, Grasset, 1977.
- ❖ ...., *Le phénomène érotique*, Paris, Grasset, 2003.
- ❖ ...., *Étant donné. Essai d'une phénoménologie de la donation*, Puf, Paris, 1997.
- ❖ ...., *Au lieu de soi, L'approche de Saint Augustin*, Epiméthée, Puf, 2008.
- ❖ ...., *De surcroît. Études sur les phénomènes saturés*, Paris : PUF, 2001.
- ❖ TECHOU R., *Phénoménologie et Théologie. La méthode Jean-Luc Marion*, Croix du Salut, Saarbrücken, 2017.
- ❖ ...., *De la finitude*, Lecture du *Kantbuch* de Martin Heidegger, thèse soutenue à l'université de Poitiers le 21 Novembre 2017 et désormais publiée sous le titre *Phénoménologie de la finitude, essai sur l'analytique de la finitude humaine*, Flamboyant, Cotonou, 2018.
- ❖ ...., *Penser et croire avec Jean-Luc MARION. Pour le tournant phénoménologique de la théologie*, Edilivre,

❖ ...., *Finitude et phénoménologie. Pour une réception théologique*, Conférence-débat aux Théologiens du séminaire Saint Gall de Ouidah, le 14 Mai 2018.

❖ ...., *Phénoménologie du transcendant, Essai sur l'analytique de la finitude humaine,* Cotonou, Flamboyant & communications, 2018.

2- OUVRAGES CONSULTES

❖ Michel Henry, *L'essence de la manifestation*, Paris, PUF, 1963.

❖ Michel Henry, *C'est moi la vérité. Pour une philosophie du christianisme,* Paris, Seuil, 1996.

❖ LEVINAS E., *L'au-delà du verset*, Minuit, Paris, 1982.

❖ ...., *Altérité et Transcendance*, Fata Morgana, 1995.

❖ ...., *Totalité et infini, essai sur l'extériorité*, Le livre de poche, Paris, 1990.

❖ ...., *En découvrant l'existence avec Husserl et Heidegger*, Vrin, Paris, 1967.

❖ NEUSCH M., *Saint Augustin L'amour sans mesure*, Parole et Silence, Langres, 2001.

❖ CICERON, *Tusculanes*, Rome antique, 45 av. J.-C.

❖ St AUGUSTIN, *Les confessions,* Traduction de TREHOREL et BOUISSOU, Bibliothèque augustinienne n° 13 et 14, DDB, 1962.

❖ St AUGUSTIN, *Sermons*, Œuvres complètes de Saint Augustin traduites pour la première fois en français sous la direction de M. RAULX, 2004.

❖ NIETZSCHE F., *Introduction théorétique sur la vérité et le mensonge au sens extra-moral* (1873), Arles, Actes Sud, Paris, 2012.

❖ R. SARAH - N. DIAT, *La force du silence contre la dictature du bruit*, Pluriel, Rome, 2017.

❖ JASPERS K., *Introduction à la philosophie*, (Tr. de l'allemand par Jeanne HERSCH), Plon, Saint-Armand Montrond (Cher) 2012.

- NICOLAS DE CUES, *Le tableau ou La vision de Dieu* [*De Visione Dei*], traduit par A. Minazzoli, Paris, Cerf (coll. « Nuit surveillée »), 1986.
- NICOLAS DE CUES, *De la docte ignorance,* Paris, éd. Guy Trédanel, 1979.
- THOMAS D'AQUIN, *Somme théologique*, Paris, Cerf, 1984.
- BONNEFOY Y., *Dans le leurre du seuil*, Paris, 1975.
- HEIDEGGER M., *Questions IV*, Paris, Gallimard, 1976.
- HEIDEGGER M., *Séminaire de Zürich*, tr. fr. par D. SAATDJIAN et F. FEDIER, in Poεsie 13, Paris, 1980.
- HEIDEGGER M., *Etre et Temps,* Paris, Gallimard, 1964.
- HEIDEGGER M., *Les conférences de Stuttgart*, SW VII, Traduit de l'allemand par Jean-François Courtine et E. Martineau dans *Schelling œuvres métaphysiques* (1805-1821), Paris, Gallimard, 1980.
- KANT E., *Fondement pour la métaphysique des mœurs,* Hatier, Paris, 2007.
- FEUERBACH, *Das wesen des christentums*, Berlin, 1968. Bd. V, S. 11, « … das Original ihres Götzenbildes der Mench ist ». Trad. Fr. J. –Posier, Paris, Maspero, 1968.
- HOUNTONDJI P., *Combats pour le sens. Un itinéraire africain*, Flamboyant, Cotonou, 1997.
- VINOLO S., *Dieu n'a que faire de l'être, Introduction à l'œuvre de Jean-Luc Marion*, Germina, 2012.
- KAMP J., *Le Dieu de notre nuit*, Casterman, Tournai, 1977.
- FALQUE E., *Passer le Rubicon. Philosophie et théologie. Essai sur les frontières*, « Donner raison et philosophie », 42, Lessius, Bruxelles, 2013.
- HUSSERL E., *Idées directrices pour une phénoménologie*, 1913.
- MORIN D., *Pour dire Dieu*, Cerf, Paris, 1989.
- FRISCH M., *Gesammelte Werke*, Francfort, 1976.

- RORDORF B., "Tu ne te feras pas d'image". Prolégomènes à une théologie de l'amour de Dieu, coll. « Cogitatio fidei », Paris : Cerf, 1992.
- SUARES A., *Trois hommes, « Pascal, Issen, Dostoïevski »*, 1913.
- DERRIDA J., *La voix et le phénomène*, Paris : PUF, 1987.
- LOSONCZ M., *Donation, tradition et interprétation. Entretien avec Jean-Luc Marion* FILOZOFIJA I DRUŠTVO XXVII (4), 2016, UDK : 14 DOI : 10.2298/FID1604793L Izlaganje na međunarodnoj konferenciji, Received: 6.6.2016 — Accepted: 20.9.2016.
- GREISCH J., « *Index sui et non dati* : les paradoxes d'une phénoménologie de la donation », Transversalités, 1999.
- JANICAUD D., *La phénoménologie éclatée*, coll. « Tiré à part », l'Éclat, Paris, 1998.
- BUBER M., *Je et Tu*, Paris, Aubier-Montaigne, 1959.
- BUBER M., *La vie en dialogue*, Paris Aubier, 1959.
- ADEYE G., *Dieu est vivant*, Saint-Gall, 2017
- SCHWEITZER R., *Dieu dans ma vie*, Saint-Paul VI, Paris, 1970.
- GILSON E., *L'athéisme difficile*, Paris, 1979.
- GRONDIN J., *Pourquoi réveiller la question de l'être ?* paru dans J.-F. Mattéi (Dir.), *L'énigme de l'être chez Heidegger*, Paris, PUF, collection « Débats », 2004.
- PASCAL B., *Pensées*, cité par Marion en note de bas de page dans *Dieu sans l'être*,
- TZITZIS S., *Introduction à la philosophie du droit*, Vuibert, Paris, 2011.
- ATHENAGORE d'Athènes, *Supplique*, VII, PG. 6, 904b.
- THÉVENOT X., *Compter sur Dieu. Études de théologie morale*, Paris : Cerf, 1993.

3- DICTIONNAIRES CONSULTES

- DICTIONNAIRE NUMERIQUE, Le Grand Robert de la langue française.
- GODIN, C., *Dictionnaire de philosophie*, Fayard, Paris 2004.
- *Le Petit Robert*, Millésime, Paris, 2009.

4- LIVRES SACRES

La Bible de Jérusalem,

La Bible expliquée, Société biblique française, 2004.

5- LIVRES DU MAGISTERE

- Pape François, *Misericordiae vultus, Bulle d'indiction du jubilé extraordinaire de la Miséricorde*, Saint Augustin Afrique, Lomé, 2015.
- JEAN-PAUL II, *Fides et Ratio*, Editrice Vaticana, Rome, 1998.
- Benoit XVI, *Lettre aux séminaristes du monde entier*, Vatican 18 Octobre 2018.

6- WEBOGRAPHIE

- J. KONARSKI, *Le Dieu Amour délié de la pensée de l'être Lectures de la phénoménologie de la donation chez Jean-Luc Marion*, Warszawskie Studia Teologiczne XXIII/2/2010.
- GRONDIN J., *La tension de la donation ultime et de la pensée herméneutique de l'application chez Jean-Luc Marion*, paru dans *Dialogue* 38, 1999.
- ……………, in *Marion : " Dieu est incompréhensible"*, Propos recueillis par Cathérine Golliau et François Gauvin, Publié le 12/07/2012.
- LACOSTE J.-Y., *Penser à Dieu en l'aimant. Philosophie et théologie de J.-L. Marion*, in Archives de Philosophie, 50 (2) : 245-270.
- ROBERT J.-D., *A propos d'un article de Jean-Luc Marion sur le premier nom de Dieu*, Revue Théologique de Louvain 17, 1986.

- ROBERT J.- D., *Autour de Dieu sans l'être de Jean-Luc Marion*, paru dans Laval théologique et philosophique, Volume 39, numéro 3, octobre 1983.
- LESTANG P., *Quelques pas dans la phénoménologie de Jean-Luc Marion en liaison avec sa conférence à Gif/Yvette le 7 Janvier 2015* », mis en ligne le 30.01.2015.
- Mgr DAGENS C., *Discours d'accueil de Jean-Luc MARION à l'Académie française.*

Printed by Books on Demand GmbH, Norderstedt / Germany